产品经理就业实战

职责认知+产品设计+UML模型+产品文档+测试与验收

狄睿鑫 编著

北京大学出版社
PEKING UNIVERSITY PRESS

内 容 提 要

本书专门为想要入行从事产品经理相关工作的零基础就业人员而编写，涵盖了在产品准备阶段、产品开发阶段、产品测试阶段和产品上线后产品经理所需要具备的各项基本技能。

全书共分为9章，第1章大致认识产品经理的职能范围；第2章讲解了产品经理的工作职责；第3章讲解了需求的相关知识；第4章介绍了流程的相关知识；第5章展示了结构图；第6章详细阐述了界面原型的相关知识；第7章介绍了UML图；第8章介绍了PRD文档的相关知识；第9章介绍了软件测试的相关知识。

本书适合零基础想要入门产品经理、产品规划师、需求分析师的人员阅读，也适合用户体验、市场运营等相关部门的朋友，特别是互联网、软件行业、AI开发行业的人员阅读，还适合大专院校互联网和产品开发相关专业的老师和学生阅读。

图书在版编目(CIP)数据

产品经理就业实战：职责认知+产品设计+UML模型+产品文档+测试与验收 / 狄睿鑫编著. — 北京：北京大学出版社，2023.5
ISBN 978-7-301-33838-4

Ⅰ.①产… Ⅱ.①狄… Ⅲ.①企业管理 – 产品管理 Ⅳ.①F273.2

中国国家版本馆CIP数据核字（2023）第046357号

书　　　名	产品经理就业实战：职责认知+产品设计+UML模型+产品文档+测试与验收 CHANPIN JINGLI JIUYE SHIZHAN: ZHIZE RENZHI+CHANPIN SHEJI+UML MOXING+ CHANPIN WENDANG+CESHI YU YANSHOU
著作责任者	狄睿鑫　编著
责任编辑	王继伟
标准书号	ISBN 978-7-301-33838-4
出版发行	北京大学出版社
地　　　址	北京市海淀区成府路205号　100871
网　　　址	http://www.pup.cn　　新浪微博：@北京大学出版社
电子信箱	pup7@pup.cn
电　　　话	邮购部 010-62752015　发行部 010-62750672　编辑部 010-62570390
印　刷　者	北京宏伟双华印刷有限公司
经　销　者	新华书店
	720毫米×1020毫米　16开本　12印张　371千字 2023年5月第1版　2023年5月第1次印刷
印　　　数	1-4000册
定　　　价	79.00元

未经许可，不得以任何方式复制或抄袭本书之部分或全部内容。
版权所有，侵权必究
举报电话：010-62752024　电子信箱：fd@pup.pku.edu.cn
图书如有印装质量问题，请与出版部联系，电话：010-62756370

前言

无论是在互联网企业还是在传统的软件企业，产品经理都扮演着十分重要的角色，但在高校中却很少有与产品经理相关的体系化课程，只是在不同的专业课程中有零散的讲解或科普性质的介绍，对实际工作的指导作用有限。学生学习之后，可能还是不知道产品经理的工作应该从什么地方入手，在产品设计完成之后还应该做哪些工作，在设计产品时应该整理哪些内容并以什么形式展示出来，技术人员喜欢看哪些东西，如何与技术人员高效地沟通……只有掌握这些实打实的具体内容，才会让产品经理初学者在实际工作中快速入门，出成果、涨自信。

基于以上原因，笔者整理了产品经理入门时需要掌握的知识体系和学习路线，并在互联网 51CTO 学堂上发布了"产品经理方法论体系化"视频教程，受到了学员的广泛好评。笔者以该课程为蓝本撰写了本书，书中涵盖了在产品准备阶段、产品开发阶段、产品测试阶段和产品上线后产品经理所需要具备的各项基本技能，包括工作职责、需求分析、流程图、结构图、界面原型、UML 建模、PRD 文档和软件测试的相关知识，非常适合刚刚入门的新人学习。另外，项目经理、需求分析师也可以使用本书学习。

由于编写水平有限，书中难免出现疏漏和不足之处，还请广大读者包涵并指正。

目录 CONTENTS

1 产品经理概述

1.1 初识产品经理 008
1.1.1 产品经理是什么样的角色 008
1.1.2 什么是产品 010

1.2 产品经理的基础技能要求 011
1.2.1 需求的落地执行能力 011
1.2.2 文档能力 014
1.2.3 沟通能力 015
1.2.4 产品管理能力 018

1.3 软件产品的类型 020
1.3.1 按终端划分 020
1.3.2 按服务对象划分 020
1.3.3 按运营种类划分 021

1.4 产品经理的等级 022

2 产品经理的职责

2.1 软件产品的开发流程 024
2.1.1 团队的岗位配置 024
2.1.2 开发流程 026

2.2 产品准备阶段的职责 027
2.2.1 设计与评审 027
2.2.2 资料准备 029

2.3 产品开发阶段的职责 030
2.3.1 任务排期和跟踪进度 030
2.3.2 解答问题、完善不足 032
2.3.3 页面验收 032
2.3.4 规划新版本 033

2.4 产品测试阶段的职责 034

2.5 产品上线后的职责 034
2.5.1 收集反馈与数据分析 035
2.5.2 使用培训 035
2.5.3 总结复盘 037

3 会做需求分析与管理

3.1 需求概述 040
3.1.1 需求是什么 040
3.1.2 马斯洛需求层次理论 041
3.1.3 需求性质 042
3.1.4 产品价值 043

3.2 用户研究 044
3.2.1 问卷法 044
3.2.2 用户访谈法 047

3.2.3 情景观察法	049
3.2.4 收集反馈法	050
3.3 典型用户和典型场景	**051**
3.3.1 典型用户	051
3.3.2 典型场景	051
3.4 头脑风暴	**053**
3.4.1 准备工作	053
3.4.2 纪律和注意事项	054
3.4.3 常用方法	055
3.5 数据分析	**056**
3.5.1 访问指标	057
3.5.2 转化指标	057
3.5.3 留存指标	059
3.5.4 用户画像	060
3.6 需求优先级	**062**
3.6.1 需求池	062
3.6.2 四象限法则	064
3.6.3 卡诺（KANO）模型	065
3.6.4 最小可行性产品（MVP）	066

4

流程图：梳理清楚业务逻辑

4.1 初识流程图	**068**
4.1.1 流程图的作用	068
4.1.2 流程图的组成	070
4.2 业务流程图	**072**
4.2.1 基础知识	072
4.2.2 实战案例	073
4.3 任务流程图	**075**
4.3.1 基础知识	075

4.3.2 实战案例	077
4.4 页面流程图	**081**
4.4.1 基础知识	081
4.4.2 实战案例	083
4.5 流程图绘图工具	**085**
4.5.1 使用 Axure RP 绘制普通流程图	085
4.5.2 使用 Axure RP 绘制页面流程图	089

5

结构图：为设计做好充分准备

5.1 功能结构图	**092**
5.1.1 基础知识	092
5.1.2 实战案例	095
5.2 信息结构图	**099**
5.2.1 基础知识	099
5.2.2 实战案例	101
5.3 产品结构图	**104**
5.3.1 基础知识	104
5.3.2 实战案例	106
5.4 结构图绘图工具	**108**

6

产品界面原型设计

6.1 初识界面原型	**112**
6.1.1 为什么要绘制界面原型	112
6.1.2 原型的保真度与使用场景	113
6.1.3 关于绘图工具	115

6.2 界面原型尺寸规范   117
6.2.1 电脑端尺寸规范   117
6.2.2 移动端尺寸规范   118

6.3 典型组件的常见设计   119
6.3.1 顶部导航栏设计   119
6.3.2 底部标签栏设计   122
6.3.3 表单设计   125
6.3.4 弹窗设计   133
6.3.5 表格设计   136

6.4 设计原则   143
6.4.1 保证美观   143
6.4.2 一致性原则   144
6.4.3 真实数据原则   145
6.4.4 反馈原则   147
6.4.5 容错性原则   150

7 产品经理必学的 UML 图

7.1 用例图   154
7.1.1 基础知识   154
7.1.2 实战案例   155

7.2 活动图   157
7.2.1 基础知识   157
7.2.2 实战案例   159

7.3 实体关系图   161
7.3.1 基础知识   161
7.3.2 实战案例   165

7.4 状态机图   168
7.4.1 基础知识   168
7.4.2 实战案例   169

7.5 UML 图绘图工具   171

8 完成 PRD 文档

8.1 撰写 PRD 文档   174
8.1.1 PRD 文档的作用   174
8.1.2 PRD 文档的组成内容   174

8.2 PRD 文档的形式   177
8.2.1 传统 PRD 文档   177
8.2.2 交互式 PRD 文档   177

9 产品经理必学的软件测试知识

9.1 测试基础知识   180
9.1.1 软件缺陷   180
9.1.2 软件测试的定义   181
9.1.3 软件测试的常用术语   181
9.1.4 软件测试的分类   185

9.2 黑盒测试   187
9.2.1 等价类划分法   187
9.2.2 边界值法   188
9.2.3 错误推测法   189
9.2.4 场景法   190

9.3 回归测试   190
9.3.1 回归测试的目的   190
9.3.2 回归测试的方式   191

9.4 验收测试   192

产品经理概述

本章主要对产品经理在团队中扮演的角色、岗位技能要求、产品类型、产品经理的发展晋升进行简单的科普。学完本章内容,读者将对产品经理有一个初步的宏观认知,在后面的章节中会进行更加深入细致的学习。

| 学习目标 |

了解产品经理在团队中扮演的角色

熟悉产品经理的基础技能要求

熟悉软件产品的类型

了解产品经理的等级和工作内容

1.1 初识产品经理

产品经理，英文简称 PM（Product Manager），负责产品的整个生命周期，是一个既新鲜又常见的岗位，在本书中特指软件产品经理或互联网产品经理，本节读者可以初步感受一下产品和产品经理。

▶ 1.1.1 产品经理是什么样的角色

狄老师：在学习之前，我先问一个问题，我们日常使用的各类 App 和网站是谁做出来的呢？

张同学：当然是程序员了！我一直都觉得程序员非常厉害，能把一行行枯燥的英文代码变成漂亮的页面。

狄老师：说得没错，但是这些 App、网站中的功能逻辑、交互方式都是程序员自己设计的吗？

张同学：这我倒没想过。

狄老师：其实 App、网站中的功能、业务、交互和视觉样式的设计，都是由产品经理完成或带头完成的。程序员只是技术人员，他们擅长的是通过 IT 技术实现人们的需求，如果让程序员替代产品经理的工作，业务逻辑可能不准确、功能细节可能不完备、交互体验可能不友好。所以，产品经理在团队中扮演着十分重要的角色。

产品经理是一名创造者，创造出好玩、好用、能够解决工作和生活中各种需求的产品，可以是模式上的创新，抑或是功能、交互上的创新。例如，在 PC 互联网时代，QQ 作为即时通信产品的领头羊，深受年轻人的喜爱；而进入移动互联网时代后，国民 App——微信彻底改变了人们的沟通方式和生活方式。在成为产品经理之前，大多数人是使用者的角色，从使用者转变成创造者，要学会转变思考问题的方式，当遇到新奇好玩的产品时，要善于思考为什么有人会喜欢这款产品，哪类人群喜欢这款产品，产品的某项功能为什么这样设计。久而久之，积累自己的知识库，快速成长，为自己的工作提供支撑。

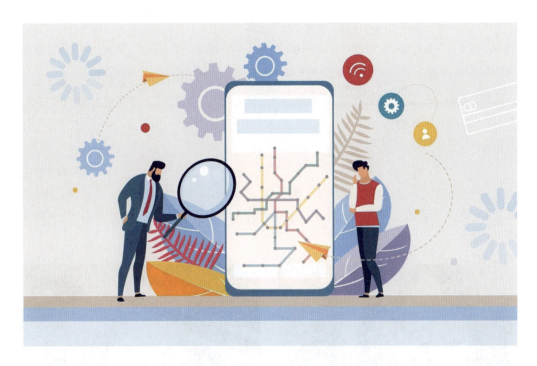

产品经理是一名执行者。入行初期,产品经理一般不会过多地参与到战略决策中,更多的是把领导、客户、用户的需求和想法落地,把最终要实现的目标及要解决的问题转换成技术人员能直观理解的模型,是一名功能的设计者。例如,在某款电商 App 中,商家的需求是"根据节日展示不同的推荐商品,发布不同的促销活动"。产品经理在拿到这个需求后,需要仔细思考消费者端和商家端背后的业务逻辑。下面提出几点需要思考的内容作为示例,读者可以提前感受一下产品经理在设计具体功能时的思维方式。

(1)把"根据节日"这种描述语言抽象成某种功能。

(2)把"促销活动"这种宽泛的说法,具体到某种或某几种可执行的活动形式(如打折活动、满减活动、返现活动),每种活动形式需要哪些维度限制(如活动时间、活动商品、优惠金额等)。

(3)消费者在购买商品时,如何享受优惠活动,多种优惠活动同时存在时是否可同享,在时间临界点提交购买时的逻辑处理是怎样的,商家如何统计促销互动的数据等。

把上面的思考结果落实在页面草图上,让技术人员直观地理解功能的执行过程和细节。

产品经理是一名项目的推进者,负责协调各个岗位的工作,协调各方资源,解决各种问题。例如,当人力资源有限,两个项目团队共用一名UI(用户界面)设计师时,产品经理就需要根据任务重要性、紧急程度、对产出物的依赖程度等因素,对UI设计师的工作进行协调。

产品经理是一名项目的把控者,需要把控产品开发周期,确保产品能够按时上线,在出现延期风险时,及时调整策略。还需要对产品质量进行把控,对产品进行验收,保证开发出来的产品功能与设计保持一致,不出现方向性偏差。

产品经理是一名对未来的规划者。一款产品从创造、诞生到发展壮大,需要产品经理审时度势,根据产品理念、市场反馈、变现模式等,对产品的发展方向作出规划和纠正。例如,微信从最初的1.0时代到现在,从简单的沟通工具,经历了语音消息、朋友圈、红包、小程序、视频号等重大变革,现在已经能够触及我们生活的方方面面。

▶ 1.1.2 什么是产品

> **狄老师**:小张,你觉得什么是产品呢?
>
> **张同学**:这个问题很简单啊,我们平常使用的各种App、网游都是产品。
>
> **狄老师**:你这个答案显然受到了我们之前沟通内容的影响,有一定的局限性,虽然我们要学习的主要是软件产品经理的相关知识,但不是只有软件才能被称为产品,我们平常使用的各种电子产品、生活用品、享受的服务等都是产品。

从狭义上讲,被生产制造出来的物品都可以被称为产品,除软件产品外,电脑、手机、雨伞、手机支架等都是产品。一起来看下面这个插座,大家在生活中一定都遇到过这种情况,一个插座上同时存在两相插头和三相插头，但却无法同时使用，通过微调插孔的相对位置，就能很好地解决这个问题，这就是一个好用的产品。

从广义上讲，产品是任何能够满足人们需求的东西。我们购买一款手机后，又额外购买了延保服务，这个延保服务就是产品。

我们要有"万物皆产品"的理念。除生活中接触到的产品外，产品经理工作中的输出产物，也可以作为产品。例如，需求说明书是团队内部的文档，但它也可以看作是产品经理制造出来的产品，它的用户就是开发人员、设计师、测试人员等。在撰写需求说明书时，在保证描述准确的前提下，更要注重文档的可读性，做到重点突出、章节合理、格式清晰，删减或弱化不必要的内容，保证开发人员在文档中能快速准确地定位要查询的内容。这就是用产品的思维对待自己的工作，"万物皆产品"的理念可以助力我们在行业中更加游刃有余。

1.2 产品经理的基础技能要求

产品经理的基础技能主要分成两大类，一是专业技能，二是通用技能。专业技能指的是需求分析、产品设计、文档撰写、产品管理等相关的技能。通用技能指的是职场人都要具备的能力，如沟通能力，本节着重介绍的是与客户、开发测试人员、设计师沟通的内容与技巧。

▶ 1.2.1 需求的落地执行能力

 狄老师，通过之前的学习，我了解到产品经理扮演的角色还是很多的，那么要成为一名合格的产品经理，需要掌握哪些具体的技能呢？

 之前我们讲过，刚入行的产品新人一般是具体的执行者，那么首先他就需要具有需求的落地执行能力，把抽象的需求转换成可以具体实施软件开发的功能和页面。

1. 需求分析能力

产品经理直接和用户接触，只有走进你的用户，成为你的用户，才能洞察用户需求，了解用户的痛点，进而解决用户的问题。

常用的需求调研和分析的方式包括调查问卷、用户访谈、情景观察、头脑风暴、运营数据分析等，在后续的章节会展开介绍。

2. 产品设计能力

产品经理最基本的技能，当然就是"产品设计"，包括流程设计、功能设计、原型设计。笔者认为，产品设计的核心就是流程设计，把现实中的业务场景转换为软件产品中的流程。

例如，在现实生活中，李明非常想吃一家粤菜馆的饭菜，但是他又不想出门，于是他准备订餐，他找到粤菜馆的联系方式后，先询问对方能否配送（可能存在距离过远的问题），如果能配送，那么进行点菜，等待送达。

上述业务场景是李明已经明确就要吃这一家粤菜馆的饭菜，那么在软件产品中，就需要先搜索商家，如果商家在配送范围内，则可以进行点菜，反之则要给出明确提示。那么，如何确定是否在配送范围内呢？软件要获取当前用户的地理位置，所以在软件产品的业务流程中，首先要获取定位，然后搜索商家，接着判断距离，决定是否进入点餐流程。

当把业务流程大体确定后，开始进行"功能设计"。功能是实现流程的具体方法。例如，在获取当前定位时，如果获取失败（如用户的手机没有开启定位功能），需要支持"重新定位"功能；搜索商家的方式可以按商家名称模糊搜索，也可以按商家分类进行筛选，这就是某一个流程节点的具体功能。

在设计功能时，可以结合用户的具体场景，思考是否可以由一个场景延伸到其他场景，才能让用户觉得产品更加贴心，使用起来更加顺手。例如，定位功能本质上是为了判断商家是否在配送范围内，除上述场景外，还可能存在给别人点外卖的情况，也可能有下班时提前点餐送到家的情况，那么定位功能就需要延伸为"手动修改位置"和"手动选择已添加的收货地址"；用户可能想不起来商家的具体名称了，但对商家的某一道菜印象深刻，那么产品就可以提供"通过商品名称，间接搜索到商家"的功能。

步骤	现实场景	软件中的流程	软件中的功能
一	想足不出户吃到某家粤菜馆的饭菜	获取位置	定位功能
			手动修改位置
			手动选择已添加的收货地址
二	联系粤菜馆，确定能否配送	搜索粤菜馆	按商家名称模糊搜索
			按商家分类进行筛选
			按商品名称间接搜索
三	如果能配送，开始点餐	如果在配送范围内，开始点餐	如果在配送范围内，开始点菜
		如果不在配送范围内，无法点餐	如果不在配送范围内，给出明确提示
			推荐在配送范围内可以点餐的同类型商家
四	等待送达	等待送达的过程中，提供送餐进度	在地图上查看骑手的实时位置
			查看骑手是否取餐
			查看预计送达时间
			联系骑手

接下来开始进行"界面原型设计"。页面是功能的载体，界面原型简单来说就是页面的"草图"，是一种直观、低成本的沟通需求、确认需求、评审需求的方式。下面是界面原型图，读者可以先进行初步的感受。

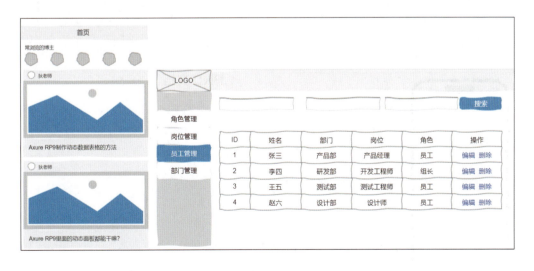

> **张同学**：狄老师，这个界面原型看起来很有意思啊！

> **狄老师**：很多新人在刚刚入行时，接触最多的可能就是界面原型，工作量最大的也是设计界面原型。大家对它感兴趣，可以激发学习和工作热情，这是好事，但是界面原型只是一种最浅层的表现形式，它的设计技巧很容易掌握，而界面原型背后的业务逻辑和数据逻辑才是核心，其背后的思考过程才是我们需要重点体会和锻炼的。大家一定要注意，不要把设计界面原型当成产品经理的全部。

3. 行业知识

产品经理要具备一定的行业知识，才能更准确地理解业务需求。例如，汽车后市场的产品经理，至少要对汽车品牌、车型、年款等有一定的概念，对汽车保养、年检等知识有一定的了解。

产品经理积累的工作经验也是区分行业的，医疗行业、教育行业、电商行业所需要掌握的业务知识肯定是不同的，所以在更换工作时，不要短时间内更换跨度非常大的行业。但不排除有一些经验是可以共用的，例如，一款线上医疗的 App，可能会包括付费咨询的功能，那么就会涉及支付、订单、财务等模块，与电商 App 中的这些模块在逻辑上是相似的，这些经验就可以共用。

▶ 1.2.2 文档能力

撰写各类文档也是产品经理的日常工作之一，例如，PRD 文档、用户操作手册、Q&A 文档、会议纪要等。

1.PRD 文档

PRD 文档（Product Requirement Document，产品需求文档）与可交互式界面原型一起指导产品开发，向开发人员和 UI/UE（用户体验）设计师详细说明功能技术指标。

编写 PRD 文档最主要的原因是：仅仅依靠界面原型无法交代清楚业务细节，开发人员和测试人员无法准确把握需求，在后期也缺少对需求细节的查询手段。关于 PRD 文档更详细的知识见第 8 章。

2. 用户操作手册

用户操作手册是软件的使用说明书，从用户的视角详细描述软件功能、操作方法和用户界面。需要编写操作手册的场景如下。

（1）有些 to B 项目（面向企业的项目）、to G 项目（面向政府部门的项目），业务比较复杂，终端用户年龄偏大，需要操作手册指导用户使用。

（2）减少运营人员的压力，把用户集中遇到的问题和解决方案整理出来，附在操作手册后面，或者单独形成一份 Q&A（Question and Answer，问与答）文档。

张同学 狄老师，我发现有些软件中有"帮助中心"模块，这是不是也起到了用户操作手册的作用呢？

狄老师 是的，用户操作手册除传统的 Word 形式外，还可以在软件或网站中嵌入"帮助中心"，用户可以在线上直接查阅，同时提供关键词搜索功能，提升用户体验。帮助中心里可以使用图文形式，也可以录制视频教程，通过屏幕录制并配合声音解说，让用户更直观地学习使用。另外，对外发布的文档，对文档格式有一定的要求，这就需要产品经理掌握一些文档排版技能。

3. 其他文档

在软件项目开发周期中，会产出各种类型的文档，例如，设计方案、实施方案中关于产品设计的部分，运营文档、验收报告、会议纪要等，也需要产品经理辅助编写。

▶ 1.2.3 沟通能力

产品经理在团队中起到承上启下的作用，良好的沟通能力能保证项目干系人之间获取和传递信息的一致性与正确性，保证团队成员之间工作流的顺畅，促进产品研发项目良性发展。

1. 与客户、用户沟通

与客户、用户沟通交流时，不要说计算机行业的专业术语，同时还要尽可能了解客户、用户所在行业的专业术语，让沟通更加顺畅。

当获取第一手原始需求时，经过一系列的分析后，最终以界面原型的形式进行演示，让客户、用户直观地看到软件系统的功能架构和交互方式是否能解决自己的问题。经过反复的修改与磨合，双方最终达成一致。

> **张同学**：狄老师，我们平常使用的 App，好像没有人来找我们了解需求、演示界面原型啊？
>
> **狄老师**：一般定制开发的产品，有明确的客户/用户，他们有明确的需求痛点，需要直接面对他们了解和确认，而我们平常使用的互联网产品会有其他获取用户需求的方式，在后续的章节会做具体的介绍。

我们要学会使用听故事、讲故事的方法，找到用户真实的痛点，所谓"故事"，其实就是把使用场景细致地用自然语言描述出来。

例如，教务管理系统中"批量导入学生"功能的使用场景是：把学生信息在 Excel 模板中填写完成后导入系统，如果没有任何问题，则导入成功。但也经常会发生 Excel 模板中某些数据不符合填写规范的情况，此时系统会给出明确的错误提示，告知用户哪些数据填写错误，而用户的第一反应是直接修改 Excel 文件中的内容，然后重新导入。

针对上述场景，在设计"批量导入学生"的功能时就要注意，当出现 Excel 中数据填写错误的情况时，所有的数据都不要导入，包括那些正确的数据。因为学生的身份证号、学号要求唯一，如果开始把正确的学生信息导入系统，那么按照用户的使用场景，在修改 Excel 后再次导入时，会提示有很多学生已经存在，这时只能在页面中手动单独添加没有导入的学生信息，反而造成了不便。

2. 与开发、测试人员沟通

与开发、测试人员的沟通主要在需求评审阶段和产品开发阶段。良好沟通的前提是界面原型和产品文档清晰严谨，减少纰漏。诸如原型与文档描述不一致、异常流程处理不到位等情况，都是要极力杜绝的。

需求评审阶段，产品经理要给开发、测试人员讲解产品功能。在讲解时，要把产品的背景、愿景讲清楚，让开发人员理解为什么要做这个功能，不要让开发人员带着疑问工作。同时，开发和测试人员可能有更高明的解决方案，能够在产品体验与开发成本之间找到一个平衡点。在讲解完成后，要让开发、测试人员进行"反讲"，即按照他们的理解再次把需求和功能叙述一遍，确保理解的一致性，避免由于理解偏差导致的工期延长。

进入产品开发阶段后，不要只拿 Deadline（最终期限）给开发人员施加压力，不要轻易质疑开发人员的实力，不要逞口舌之快。

狄老师，我发现有一些产品经理是由技术人员转岗而来的，他们在与开发和测试人员沟通时会不会更加容易呢？

当然，不过技术人员转岗成为产品经理后，在设计产品时容易受到技术思维的限制，有利有弊。没有技术背景的产品经理，最好也学习一些软件开发和测试的基本知识，例如，前后端分离、数据库、公众号开发、小程序开发、功能测试、回归测试等。只需简单了解，无须非常精通。

3. 与 UI/UE 设计师沟通

设计工作具有一定的创造性，很难提出标准的设计要求。例如，你可以提出"页面风格要扁平化"，这只是一个设计方向，但无法标准执行，你无法提出诸如"线性图标的像素值是多少""阴影的参数值是多少"等精确要求。产品经理与 UI/UE 设计师要做到高效的沟通，需要有一定的审美能力，了解什么样的设计是好的，什么样的设计符合当前产品的特质。

产品经理要给 UI/UE 设计师交代清楚每个页面的使用场景，用户停留在每个页面的主要目的是什么，才能让软件的交互体验更便捷、更丝滑。

督促设计师形成设计规范，毕竟 UI 界面的设计不同于艺术作品，它需要在兼容美学的基础上，做到统一性、易用性、组件化。

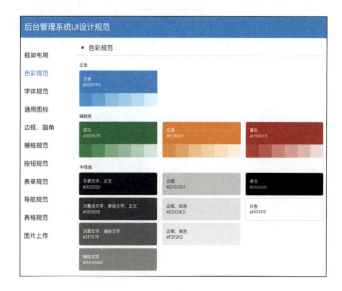

产品经理可以对设计稿提出意见和建议,但不要过分从细节上干预设计师。例如,产品经理可以提出"这个配图不适合使用插画风格",但尽量不要提出"把实线改成虚线"这种过于细节的建议。当然,上述说法是在 UI/UE 设计师至少处于行业平均水平的前提下,要充分信任设计师的专业能力,如果设计师本身经验不足,则另当别论。

▶ 1.2.4 产品管理能力

当产品的设计通过评审后,进入产品开发阶段,产品经理需要对产品的各个方面进行管理。

1. 产品规划能力

> 张同学:狄老师,用户的需求有很多,很难一次性全部开发完成。

> 狄老师:是的,你说得很对,产品经理要把产品规划成多个版本,按照需求的优先级进行开发,下面先简单说明一下开发优先级的认定原则。

我们需要先明确产品要解决的核心问题是什么,尤其是初创产品的第一个版本,一般只关注能否解决用户的一个核心痛点。按照这个基本原则,把与核心问题关联度高的需求优先开发,当产品稳步运行一段时间后,再逐步安排其他需求的排期。

产品经理也应该对接下来一段时间(如 2~3 个月)要开发完成哪些功能、产品要达到一个什么样的高度做到心中有数,并向团队成员公布,这样技术负责人可以全盘考虑技术上的问题,预估可能会遇到的技术风险。

产品版本的迭代不仅是发布新功能,也包括产品功能的优化与产品缺陷(Bug)的修复,可以按照紧急程度和重要程度对新版本的功能进行规划。需求优先级的具体评估方法详见 3.6 节。

2. 进度把控能力

产品经理负责产品的整个生命周期,所以关注产品的开发进度,就像关心自己孩子的成长一样。

当前产品版本的功能有哪些已经开发完成,哪些正在开发中,哪些还未开始,哪些已经比原计划延期,产品经理一定要非常明确。可以使用"每日站立会议"的方法,了解当前开发进度。在开始每天的工作之前，全员起立，每个人快速地说明昨天的工作安排是否按时完成，遇到了哪些问题，需要协调哪些资源，需要获取哪些帮助，今天即将开始的工作有哪些，需要哪些人配合。之所以要站立发言，就是让大家言简意赅，快速说明问题，整个站立会议的时间不宜超过 15 分钟。

可以利用甘特图，把任务计划和完成情况进行标注，一目了然。

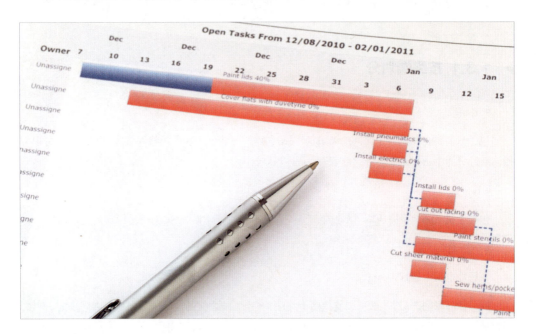

> **张同学**：狄老师，如果我们发现开发进度落后了，应该怎么办呢？
>
> **狄老师**：当某个功能花费的时间远超预计时间时，产品经理要果断地介入，寻找延期原因。如果是因为功能设计过于复杂，实现难度太高，那么就要寻找折中方案，修改产品设计。如果在设计上无法妥协，但又遇到技术问题难以解决，就要及时寻求研发经理或其他人员的帮助。如果是人员安排不合理，那么及时和各方沟通，进行任务调整。无论是亲自解决问题还是寻求帮助，我们的最终目的是把控项目的稳步推进，不要因为一个问题引起连锁反应。

为了保证开发进度，产品经理要极力避免其他人员直接与开发人员提需求，保证当前产品版本的封闭性，任何新的需求都必须提交给产品经理，再由产品经理统一评估，规划新版本。但有一种特殊情况，当正在运行的线上产品发生严重问题时，可以由测试人员、运营人员或市场人员等直接与开发人员沟通，优先修复，任何时候线上产品的问题解决都是第一优先级。

1.3 软件产品的类型

本节按照不同的维度，简要介绍软件产品的类型。

▶ 1.3.1 按终端划分

- 电脑端

包括只需要在浏览器中访问的 Web 版网站和需要安装包的客户端软件。客户端软件又可以按操作系统分为 Windows 版、macOS 版和 Linux 版。

- 移动端

包括手机 App、平板 App、小程序等。App 又可以按操作系统分为 iOS 版和 Android 版。

- 电视端

在智能电视上运行的 App。

同一款互联网产品，一般可以支持多个终端，各个终端之间的大部分数据是可以同步的。例如，视频播放 App，在用同一个账号登录后，播放进度可以在各个终端同步。

▶ 1.3.2 按服务对象划分

- to B

to Business，面向企业用户的产品。做 B 端产品要对目标企业的业务有深入理解，重点是解决企业的效率问题，面向"工作场景"，为企业赋能增效。例如，企业 OA 系统、ERP 管理系统等。B 端产品更看重的是业务，而用户体验相对 C 端产品而言就没有那么苛刻了。

- to C

to Consumer，面向个人用户的产品。C 端产品没有明确的用户，需要产品经理根据产品特质形成用户画像。C 端产品的重点是解决个体的需求、某一类人的需求，面向"生活场景"。C 端产品要有极致的用户体验，除一些"国民 App"外，用户抛弃你的成本是非常低的。

> **张同学**：狄老师，企业产品也需要个人用户去操作呀，怎么区分 B 端产品和 C 端产品呢？

> **狄老师**：以"钉钉"为例，虽然它的终端使用者是员工，但是终究钉钉是为企业服务的，是为了解决企业的办公问题，所以钉钉就是 B 端产品。我们要看产品的终极服务对象是谁，或者说谁来为产品付费。B 端产品有明确的客户，是由企业来付费的，而 C 端产品的盈利是从个人用户获取的。

> **张同学**：还有没有其他明显的区别呢？

> **狄老师**：C 端用户可以通过自然流量、分享分销、促销活动等方式实现拉新、留存、促活，最终形成稳定的用户群。而 B 端产品获取新用户的成本很高，而且通常需要专门的市场销售人员进行推广。

▶ 1.3.3 按运营种类划分

按运营种类，可以把产品分为平台类、社交类、内容类、游戏类、工具类和云服务平台类等。此处重点介绍云服务平台类产品，它可以进一步分为 IaaS、PaaS、SaaS 和 DaaS 产品。

- IaaS 产品

Infrastructure as a Service，基础架构即服务。在 IaaS 产品没有得到发展之前，如果你想做一个网站，需要自己购买物理服务器、网络、存储设备等，并自己建立机房来存放这些物理设备，对于中小型团队来说，成本是相当高的。当有了 IaaS 产品之后，它会把物理设备集群搭建好，通过租赁的方式向用户提供服务，用户可以在租赁的设备上随意安装操作系统、部署软件等。例如，阿里云的服务器集群、高速网络和大容量存储设备。

- PaaS 产品

Platform as a Service，平台即服务。把用户需要的操作系统、中间件、数据库搭建好，通过租赁的方式向用户提供服务，用户无须安装、无须开发。

- SaaS 产品

Software as a Service，软件即服务。把用户需要使用的软件安装好，通过租赁的方式向用户提供服务，很多向企业提供服务的产品都在向 SaaS 产品转变。例如，钉钉就是一款非常典型的 SaaS 产品，企业只需要注册一个企业账号就可以直接使用，不需要技术人员做任何的程序部署、调试等工作。

- DaaS 产品

Data as a Service，数据即服务。把海量的数据进行提取和分析，作为服务提供给用户使用。

1.4 产品经理的等级

按照行业的共识,一般把产品岗位的等级划分为产品助理(实习生)、产品经理、高级产品经理和产品总监。

● 产品助理(实习生)

一般是刚刚入行、转岗成为产品人员的,或者实习生。他们对一切都很新鲜,充满了工作热情,主要负责一些比较零散的工作,或者某个非核心模块的设计。

● 产品经理

经过一段时间的历练,有了一定的产品设计经验和行业经验积累,也经历过若干个失败的项目。此时的产品经理基本可以独立负责一个项目、产品或某个重要模块的设计工作了。这是产品经理成长最快的一个阶段,也是基本功逐渐扎实的阶段,而且可以开始尝试带团队。

但很多产品经理容易在这个阶段遇到瓶颈期,无法摆脱"功能产品经理"的影子,界面原型、PRD文档、流程图都完成得非常漂亮,但不容易向更高的层次成长,所以都说"产品经理入行容易,进阶难"。

● 高级产品经理

高级产品经理不再进行具体功能点的设计,开始根据公司的发展战略制定产品的发展路线,更加关注产品的运营数据,同时开始管理团队。

● 产品总监

产品总监一般会成为公司的高层,具有一定的行政色彩,他的工作更偏向宏观,负责制定战略,整体研究和策划公司的各个产品线,协调产品线之间的资源,保证公司利益的最大化。

除体量巨大的头部公司外,大多数公司即便没有产品总监这个岗位,公司和项目也能比较顺畅地运转下去,但是如果没有优秀的产品经理、产品助理这些基层岗位做具体的工作,产品或项目研发会非常难以开展,甚至进入恶性循环。所以,产品经理们一定要不断夯实自己的基本功,快速成长为公司或团队的核心力量,也为自己的晋升之路打好基础。

产品经理的职责

本章先对软件产品的开发流程进行整体介绍，然后对产品经理在产品准备阶段、产品开发阶段、产品测试阶段和产品上线后的职责做具体的介绍。学完本章内容，读者将明确在整个研发周期中产品经理要完成的工作内容和注意事项。

| 学习目标 |

熟悉软件产品的开发流程

掌握产品经理在产品准备阶段的职责

掌握产品经理在产品开发阶段的职责

掌握产品经理在产品测试阶段的职责

掌握产品经理在产品上线后的职责

2.1 软件产品的开发流程

产品经理的工作贯穿于整个软件项目周期,想要明确产品经理的职责,首先要了解软件产品的开发流程,以及开发团队中各个岗位的工作内容,才能在项目的各个阶段更好地行使自己的职权,完成自己的工作,形成更默契的团队配合,保证团队的良性运转、项目的正常推进。

▶ 2.1.1 团队的岗位配置

> **张同学**:狄老师,经过上一章的学习,我知道了在软件团队中,除"程序员"很厉害外,产品经理也是团队中很重要的角色之一,那他具体都要做哪些工作呢?
>
> **狄老师**:别着急,产品经理可以说是软件的灵魂,是团队成员之间沟通的桥梁。在向你介绍产品经理的职责之前,有必要先了解软件团队的岗位配置。
>
> **张同学**:哦?除产品经理和程序员外,还需要哪些角色共同完成软件开发呢?
>
> **狄老师**:一个较为完整的软件团队,主要包括项目经理、产品经理、开发工程师、设计师、测试工程师、运维工程师、运营人员等,他们各司其职、相互配合,共同完成软件产品的设计、开发和运营工作。下面分别简要介绍各个岗位的主要工作职责。

● 项目经理

项目经理负责统筹整个团队的工作,协调各类资源,制定项目计划,把控项目进度、成本和质量,对项目可能遇到的风险要有基本的预判、规避、跟踪和解决能力。

● 产品经理

产品经理是软件产品的灵魂,负责调研和分析需求、产品设计、进度跟踪、产品验收等。可以发现,产品经理的工作与项目经理有部分重合,在一些规模较小的团队中,项目经理的角色也可能由产品经理兼任。本章着重介绍产品经理的工作职责,此处不过多赘述。在规模较大的团队中,产品组还包括产品助理、产品专员等。

- 开发工程师

开发工程师通过编写计算机程序,实现产品经理提出的需求、设计的功能。在规模较大的团队中,开发组通常还包括数据库工程师、架构师等。

- 设计师

设计师以产品经理输出的低保真线框图为参照,设计高保真界面图、交互动效,同时设计师还需要配合前端开发工程师还原真实的页面、制定设计规范等。一名优秀的设计师,还要了解前端开发的相关知识。

- 测试工程师

测试工程师负责对开发出来的软件进行功能测试、性能测试、安全测试等,力求软件产品上线运行后没有功能缺失、Bug、性能问题和安全漏洞,但不能100%保证没有上述问题。

- 运维工程师

软件测试通过后,由运维工程师部署到生产环境,并对其运行状态进行跟踪、监控,保障软件的稳定、安全运行;对机房、服务器、Web网络进行日常管理和维护。

- 运营人员

软件发布上线后,运营人员负责产品的宣传推广、增加产品曝光、组织营销活动、整理运营数据、搜集用户反馈、解决用户问题等。

> 张同学:狄老师,要开发一款软件,团队中这么多的岗位角色都要配置齐全吗?

> 狄老师:其实并不是每个岗位都需要配置,但这些岗位的工作都是要完成的。例如,有些小型团队没有配置测试工程师的角色,那么测试工作就需要由产品经理来完成。所以,在后续的章节中,我们也会讲到软件测试的相关知识。另外,本小节所列举的各个岗位的工作职责只是很浅显的内容,同时采取了更易于入门读者理解的表述方式,目的是给入门读者进行一些基础知识的普及。

2.1.2 开发流程

> **张同学**：狄老师,现在可以告诉我产品经理的工作职责了吧?
>
> **狄老师**：别着急,你知道一款软件是怎样开发出来的吗?
>
> **张同学**：结合之前的学习,貌似就是产品经理设计一下功能,开发工程师编写代码,然后测试工程师测试通过后就可以上线使用了吧。
>
> **狄老师**：说得不错,看来你已经能够学以致用了,但是还不够全面。下面我来介绍一下软件开发的常规流程,只有掌握了这些,你才能了解产品经理在每一个流程节点需要输出哪些成果,需要配合其他人做哪些工作,即我们所说的"工作职责",也为在之后的章节中学习这些产品经理的技能做铺垫。

下图是软件开发的常规流程。

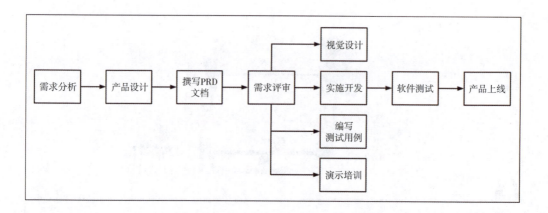

（1）需求分析：搜集、分析用户需要解决的痛点问题,精准定位产品方向,根据需求按优先级对接下来要开发的产品版本进行规划。此部分内容由产品经理主导。

（2）产品设计：将"需求"落地,把一个个抽象的"需求"转化为具体的产品功能。此部分内容由产品经理完成。

（3）撰写 PRD 文档：更详细地说明产品设计的细节,并进行存档,方便后期追溯。此部分内容由产品经理完成。

（4）需求评审：团队成员对即将开发的各项产品功能进行评审，主要评审设计方案是否合理、是否最优、是否有逻辑漏洞等，产品经理根据各方提出的问题进一步完善产品设计。此部分内容由产品经理主导，开发人员、测试人员、设计师共同参与。需求评审通过后，视觉设计、实施开发、编写测试用例、演示培训可以同步进行。

（5）视觉设计：进行高保真界面效果图的设计。此部分内容由 UI/UE 设计师完成。

（6）实施开发：依次进行架构设计、数据库设计，开始编码开发。此部分内容由开发工程师完成。

（7）编写测试用例：进行测试计划、测试用例的编写，为后续的软件测试做准备。此部分内容由测试工程师完成。

（8）演示培训：对于某些特殊的、定制开发的软件产品，多数为 to B 产品，需要对客户进行演示培训。可以在软件开发完成后，使用真实产品进行培训，也可以提前使用高保真可交互原型完成培训，同时可以提供操作手册和教学视频。此部分内容由产品经理或运营人员完成。

（9）软件测试：软件经过开发人员编码完成后，进入产品测试阶段，达到上线标准后，出具软件测试报告。此部分内容由测试工程师完成。

（10）产品上线：产品发布到生产环境，开始运行。

2.2 产品准备阶段的职责

产品经理是整个项目团队的工作先锋，在产品准备阶段要广泛地调研和了解需求，确定产品设计方案，并向技术团队准确传达，为开发和测试工作打下良好的基础。

▶ 2.2.1 设计与评审

之前提到的用户调研、需求分析、产品设计都是产品经理在产品准备阶段的主要职责，主要的输出产物有思维导图、流程图、界面原型、PRD 文档等，它们可以共同组成产品的设计方案。在拿出设计方案后，进行内部的评审和外部的确认是非常重要的一个环节，团队内部的开发人员、测试人员、设计师会提出问题和修改意见，团队外部的客户把不符合业务场景的功能设计反馈过来，总之设计方案需要经过多次的打磨修改，才能定版开发。一般来说，需求分析、产品设计与评审的时间可以占到整个项目周期的 1/4 左右。

> **张同学**：狄老师，为什么一定要花费这么多的时间来定版呢？为什么不能一边开发一边调整呢？

> **狄老师**：在软件项目中，影响开发周期的大部分问题归根结底都是需求相关的问题，进而导致产品设计的问题。在软件项目的不同阶段，需求问题对项目的影响程度是不一样的，只有把问题扼杀在摇篮里，才能最大限度地降低项目风险。
> 对于有着明确客户的定制开发产品，先在内部让技术人员进行评审，找出技术壁垒，然后与客户确认，避免客户确认无问题后，技术上出现某些功能难以实现的尴尬局面。

在评审和需求确认时发现需求错误，背后的逻辑需要产品经理重新思考，落实在产出物上，只需要重新写一段文档、改一改原型图或流程图就可以了，成本几乎可以忽略不计，对项目周期的影响也非常小。

在产品开发阶段，已经开始编码时发现需求错误，如果是核心需求出现错误，影响到主干功能，可能导致之前大量的编码工作要推翻重来，对项目周期的影响是巨大的；如果是非核心需求错误引起的设计变更，改动量可能没有那么大，影响在可接受的范围内，但开发人员一般会采用"围魏救赵"的方法填补漏洞，过多的需求变更会让系统的复杂度变高，也会影响团队成员的心态。

在产品测试阶段发现需求错误，此时软件已经成型了，如果要修改，工作量是巨大的，如果是核心需求错误，对项目的影响可能是毁灭性的。

综上所述，在评审和需求确认时的修复工作成本是最低的，所以在产品准备阶段，一定要舍得花费时间充分理解需求，不要怕麻烦，不要怕返工修改。

张同学　狄老师，虽然我还没有真正开始独立设计产品功能，但是我觉得在产品开发阶段修改需求是很正常的，毕竟没有人可以把工作做得那么完美。

狄老师　是的，需求变更是无法完全避免的。上面说的，是要在产品准备阶段确保对核心需求、主要需求的理解不发生偏差，保证产品不发生方向性错误。除需求错误导致的需求变更外，对开发人员来说，每个细微的功能点、交互甚至是页面组件的样式，都是需求。例如，你今天觉得红色的按钮好看，明天又觉得蓝色更符合产品的特质，对开发人员来说，这就是需求变更，我们要做的就是尽量减少不必要的需求变更。

　　在需求评审阶段，产品经理讲解需求后，让开发人员"反讲需求"，从双方的交流碰撞中更容易发现问题，早发现、早修改。也可以寻求其他成员的帮助。在产品准备阶段，与测试人员沟通，进行需求测试，找到业务流程中的漏洞。让市场、运营部门介入，用界面原型进行用户测试，提出产品体验的优化建议等。这些都是让产品经理能够在早期发现问题的有效方法。

2.2.2　资料准备

　　在互联网上访问的软件产品一般需要购买域名并备案，而备案的时间在半个月以上，需要提前准备。有些产品需要依托第三方平台进行开发，需要提前准备相关的资料。例如，开发微信小程序，需要在微信公众平台选择服务类目，有些类目需要准备特殊的资质证明，否则无法通过申请或发布代码。例如，使用第三方服务，可能需要付费，要提前汇报、申请资金支持等，不要让这些外部因素影响项目进度。

2.3 产品开发阶段的职责

产品开发阶段产品经理的工作同样重要,却容易被产品新人忽视。千万不要做"甩手掌柜",把产品设计出来后就不再关心了,而是要时刻关注产品的开发状态,验收中间成果,排除外界干扰,稳步推进研发进度。

▶ 2.3.1 任务排期和跟踪进度

进入产品开发阶段后,产品经理需要辅助研发经理制作 WBS(Work Breakdown Structure,工作分解结构),就是把产品功能拆分成若干个具体的可执行的工作任务,并确认责任人和完成时间,拆分的颗粒度越小,对完成时间的预估就越准确。一个任务只能有一个责任人,即使可能有多个人共同开发,其他人也只是参与者。

连锁品牌自营外卖系统WBS

模块	任务名称	正常时间(天)	最长时间(天)	最短时间(天)	预估时间(天)	责任人
模块1	任务1	1.5	2	1	1.50	张三
	任务2	0.75	1	0.5	0.75	李四
	任务3	2	3	1.25	2.04	张三
	任务4	2	3	1.5	2.08	张三
模块2	任务5	1.5	2	1	1.50	李四
	任务6	1	1.5	0.75	1.04	张三
	合计				8.92	

狄老师,上图的 WBS 有最短(最优)时间、最长时间和正常时间,那么如何估算出最终完成所有任务所需要的时长呢?

一般可以用如下公式来计算。

$$每个任务的预估时间 = \frac{最短时间 + 最长时间 + 4 \times 正常时间}{6}$$

把每个任务的预估天数求和,就是所有任务顺序执行的预估总天数,但任务是多个人员并行执行的,所以最终的完成时间一般会小于上面的求和数值。

我们经常会依据 WBS，再把每个任务的预计开始和结束时间规划好，利用项目管理工具形成甘特图，这样就掌握了开发排期。甘特图中的任务进度条还可以表示任务之间的关系，如果任务 B 的前置条件是任务 A，就把两个任务进度条用箭头连在一起，含义是完成任务 B 的前提是任务 A 必须完成，任务 B 依赖于任务 A。

模块	任务名称	预估时间（天）	责任人	8月5日	8月6日	8月7日	8月8日	8月9日	8月10日
模块1	任务1	1.50	张三						
	任务2	0.75	李四						
	任务3	2.04	张三						
	任务4	2.08	张三						
模块2	任务5	1.50	李四						
	任务6	1.04	张三						
	合计	8.92							

连锁品牌自营外卖系统项目甘特图

在甘特图中还可以找到关键路径和关键节点，以便把控风险。例如，以每个开发人员为单位，依次把每个人负责的任务作为一个节点连接起来，在每个任务节点上标注预估时间，形成一条路径，把预估时间求和（预估时间可以按照上面的公式计算），然后找到预估时间最长的一条路径，这就是关键路径，关键路径上预估时间最长的一个任务节点就是关键节点。

关键路径和关键节点是对开发周期影响最大的，如果关键路径上出了问题，项目最终一定会延期。如果在关键路径上的人员经常被其他事务干扰，例如，线上 Bug、人员抽调、请假等，项目就会存在很大的风险。因此，出现需求变更时，尽量避免涉及关键路径。如果要压缩整体开发周期，就需要压缩关键路径的时间，或者拆分关键路径。

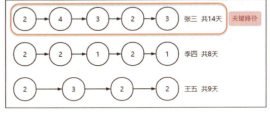

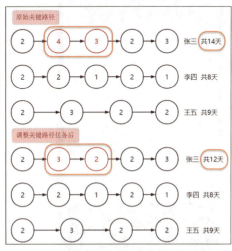

在实操中，根据任务的预计结束时间，提前 1~2 天确认每个任务是否能够按预计时间完成，但不要给开发人员太大的压力。

▶ 2.3.2 解答问题、完善不足

产品经理要负责解答开发人员、测试人员和设计师的疑问。虽然在需求评审时产品经理和团队成员已经有了充分的沟通,但开发人员、测试人员和设计师在真正开始着手自己的工作时,难免会有细节上的问题需要沟通,这就需要产品经理随时解答。

如果这些疑问仅仅是理解上的问题,产品经理负责解释清楚就好,同时要检查界面原型和产品文档是否有描述不清晰的地方,导致了理解上的偏差,积累经验教训,尽量避免这种情况的发生。

如果发现了产品设计上的问题,就要及时和技术人员一起商讨优化方案,对产品设计作出修正,并更新界面原型、产品文档,做好更新记录。有些设计问题确实在需求评审阶段无法及时发现,随着开发的不断深入才会暴露这些设计上的漏洞,这是比较正常的情况。

2.1.2 小节讲到,在产品开发阶段,测试工程师要编写测试用例,为后续的软件测试做准备。此时,产品经理可以和测试工程师交代一下哪些功能模块需要重点测试,哪些细节需要格外注意。

▶ 2.3.3 页面验收

进入产品开发阶段后,UI/UE 设计师以低保真界面原型图为蓝本开始设计页面效果图,产品经理要对效果图进行验收,检查页面风格是否符合产品特质、是否有缺失的关键页面、页面上展示的信息字段是否有遗漏、是否有缺省状态的提示等。

效果图验收通过后,前端工程师参照效果图进行页面代码的编写,制作静态页面。静态页面开发完成后,由产品经理和设计师共同验收,检查页面对效果图的还原程度,以及在不同屏幕分辨率、不同设备终端上的页面显示效果。

张同学：狄老师，前端工程师是如何把效果图还原得更加逼真的呢？

狄老师：在若干年以前，设计师需要通过标注工具手动标注页面上各种元素的色值、组件的尺寸和组件间的距离，现在已经出现了很多设计协作平台，嵌入插件到 Adobe Photoshop、Adobe XD、Sketch 等设计工具中，可以一键上传到设计协作平台，平台可以自动进行设计标注，甚至可以生成 Web、小程序、iOS、Android 平台的样式代码，极大地降低了设计师与前端工程师的沟通成本。

张同学：检查页面还原度有什么标准吗？

狄老师：互联网产品，无论是 C 端还是 B 端产品，一般要求像素级还原，真实页面的还原度要达到 95% 以上，因为互联网 C 端用户对产品是很挑剔的，他们对产品的第一印象就是页面好不好看，如果页面样式很不协调，即便功能再优秀也很难留住用户。而在互联网上使用的 B 端产品，视觉样式也代表着公司和产品的形象，形象不好，无形之中会给市场销售人员增加推广难度。有着明确客户的定制开发项目、内部项目、后台管理系统等，对页面还原度的标准可以相对降低一些。

▶ 2.3.4 规划新版本

产品开发阶段的新版本规划，更多地是针对定制开发产品、部分 B 端产品来说的，这类产品的迭代周期相比互联网产品而言比较长，一般不需要时刻关注运营数据。这类产品的版本迭代可能只是单纯的因为系统过于庞大、功能过于复杂，所以分成若干个版本进行开发，这种情况下，在产品开发阶段，产品经理就要进行新版本的规划了。

互联网产品追求快速迭代、快速上线、快速纠错，可能需要根据当前线上版本的运营数据来规划新版本的功能，所以就要等到当前版本上线运营一段时间后，再规划新版本。

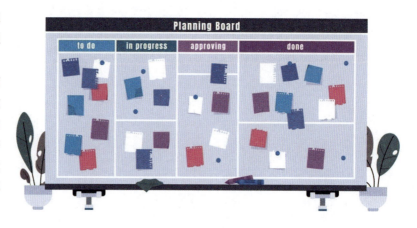

2.4 产品测试阶段的职责

> **张同学**：狄老师,产品测试阶段产品经理还有工作要完成吗?

> **狄老师**：很多人认为当功能开发完成后,直接提交给测试人员进行测试即可,很多团队也是这样做的。但我认为,在开发人员提交测试之前,产品经理应该先进行功能验收,对开发出来的软件效果有一个整体的了解,对提高测试效率也有积极意义。

此阶段产品经理的验收不需要非常细致,一般只要按照标准的操作方式操作一遍软件,如果软件的正常流程没有方向性问题,没有重大缺陷影响业务流转,就可以提交给测试人员了。无须过多关注异常流程的操作,异常流程的测试可以交给测试工程师来完成。例如,开发一款电商App,如果连基本的支付功能都无法实现,后续的所有流程都无法进行,这种情况下把软件提交测试是没有任何意义的。

2.5 产品上线后的职责

产品上线对团队来说是一个阶段性胜利,但上线并不意味着结束,产品经理需要帮助用户更快地上手使用产品,对产品的运营效果进行跟进,为新版本的开发做准备。同时,不要忘了对过去的工作进行复盘,总结经验教训。

▶ 2.5.1 收集反馈与数据分析

> **张同学**：狄老师，我知道在产品上线后,产品经理要尽快观察用户的反应,了解产品的运营效果,以及是否能满足用户的预期。

> **狄老师**：是的,看来你已经能够融会贯通了!

产品上线后,产品经理需要收集用户的反馈,主要是为了了解用户的真实感受,例如,产品是否易用,是否能解决用户的痛点,进而对产品进行迭代优化。对于互联网产品来说,要重点关注用户有哪些新的需求,对当前产品版本的看法,对竞品的评价。对于定制开发产品来说,由于产品需求和产品设计已经经过双方确认,所以对非 Bug 类的产品功能修改可能存在商务上的问题。换句话说,我们只负责修复产品出现的问题,并酌情处理细微功能点的优化,但原则上不会对大的功能模块进行调整。只有在商务流程通过后,产品经理才会依据用户的反馈,对功能模块进行新增和调整。即便定制开发产品没有新版本了,通过用户的反馈,也可以积累更多的行业经验。

互联网产品一般会通过预留数据埋点,或者借助第三方工具,对产品上线后的运营数据进行抓取和分析,辅助决策下一步的产品迭代方案。产品经理要与运营人员协同,共同完成数据分析工作。

收集反馈与数据分析都是进行需求分析的常用方法,在第 3 章中会进行详细介绍。

▶ 2.5.2 使用培训

有些产品上线后需要对用户进行使用培训,例如,定制开发产品需要对目标客户的领导进行演示汇报,对目标客户的使用者进行培训。例如,内部产品也需要对运营人员、客服人员等进行培训。

1. 培训准备

（1）熟悉产品使用流程，规划各个功能模块的培训演示顺序。

（2）填写演示数据，配置业务参数，避免在演示培训中遇到没有数据的情况，还要现场补录，浪费时间。

（3）视情况决定是否制作 PPT。

（4）如果参加培训的人员比较多，产品经理一个人可能应付不过来，可以让几名同事充当助教的角色进行辅助。

（5）确定培训时间，发布培训通知。

2. 培训开始

（1）可以使用高保真界面原型与真实软件系统相结合的方式进行培训。

（2）在培训讲解时，不要单纯地按照页面上的功能顺序从上至下、从左至右进行演示，而是要符合用户真实的操作场景。

（3）讲解完成后，要让参训者亲自操作产品，才能加深记忆，提升培训效果。

（4）在操作过程中，参训者可能会提出各种各样的问题，产品经理和助教要及时给予解答。如果参训者提出了新需求，要快速思考现有的产品功能是否可以满足，若不能满足，先虚心接受，加以记录，不要现场讨论，待培训结束后再另行商讨。

 张同学　狄老师，什么情况下会使用高保真原型进行培训呢？

 狄老师　分为两种情况：第一，当真实的软件系统还没有稳定版本可用时，使用高保真原型替代；第二，培训时可能需要反复地演示，当产品的业务流程非常复杂时，后面的操作可能受限于前面的操作，如果使用真实的软件系统可能会比较麻烦，而高保真原型就会非常灵活，可以先使用高保真原型对重点流程进行强调，然后使用真实软件系统。

3. 培训结束

（1）下发用户操作手册或教学视频，对培训效果进行巩固。

（2）可以建立 QQ 群 / 微信群，方便参训者后期的咨询与讨论。

（3）对培训中记录的问题、需求进行整理、评估、汇报。

▶ 2.5.3 总结复盘

复盘，就是在项目结束后进行总结，回顾过程中哪些地方做得不好，哪些地方做得好，是否可以做得更好。在产品进行大版本更新后，需要对产品设计、开发、测试等各个阶段的工作进行复盘。复盘可以由产品经理、项目经理或研发经理主导，团队所有成员都要参与并发言。下面简要列举一些复盘的问题大纲供读者参考。

1. 对目标复盘

（1）制定的目标是否明确具体、可执行、有时限？例如，在 1 个月内完成 50 个功能点的开发。又如，产品上线后两个星期内注册用户达到 10 万。如果目标制定符合上述标准，则进行下列问题的反思。

（2）产品规划的功能是否都上线了？没有上线的功能有多少？原因是什么？

（3）产品是否按照预计时间上线了？是否有严重的逾期情况？

（4）是否制定了项目的里程碑节点？

2. 对设计复盘

（1）界面原型和产品文档是否准确、细致、清晰？开发过程中有多少问题是因为界面原型和产品文档表述不清晰导致的？有多少问题是由于设计漏洞导致的？

（2）是否发生过需求变更？需求变更的次数有多少？为什么要变更？

（3）需求变更后是否及时修改了界面原型和产品文档？变更后是否及时通知了相关人员？

3. 对开发复盘

（1）每个开发人员有多少任务是提前完成的？有多少任务是逾期完成的？进而总结时间预估的准确度。

（2）任务逾期的原因，有多少是因为交互样式实现难度大，或者后端功能过于复杂？这些复杂的设计是否科学？是否可以优化？

（3）是否遵循了编码规范？代码走查是否按标准进行？（这部分内容由研发经理主导）

（4）是否编写了开发文档？如果因为工期的原因导致没有完成开发文档的编写，计划什么时间补上？

4. 对测试复盘

（1）测试用例是否编写了？编写得是否准确、完整？（这部分内容由测试负责人主导）

（2）哪些功能模块产生的 Bug 最多？是因为需求讲解不到位，还是因为没有注重产品细节，抑或是因为开发人员没有进行自测？

（3）测试进行了几轮？每轮的通过率是多少？

（4）在 Bug 中是否清晰描述了优先级、复现步骤、预期结果、实际结果？开发人员是否能够按照描述中的步骤完成 Bug 的复现？

5. 运营一段时间后的复盘

（1）在产品上线后的实际运营中，是否触发了新的 Bug？这些 Bug 在产品测试阶段为什么没有发现？

（2）是否和产品推广、运营人员进行了充分的沟通？

（3）运营效果是否达到了预期？例如，用户增长、留存率等。是否能真正解决用户的痛点？

（4）用户反馈的渠道是否通畅？是否及时查看了用户反馈？

除产品经理外，团队其他岗位的职责在 2.1.1 小节中也提到了，此处整理了一张示意图，更加清晰直观地展示了各个阶段每个岗位的工作内容。

	前期		研发阶段	测试阶段	上线后
产品	需求分析、原型、文档	需求评审	跟进开发、维护原型文档、设计稿确认、前端页面验收、沟通测试部门、规划下一版	验收	培训、分析、优化、推广
研发		需求评审	技术相关设计、开始研发	配合测试、修改Bug	
测试		需求评审	编写测试计划、测试用例	测试	
设计		需求评审	UI设计		配合推广

会做需求分析与管理

本章先介绍什么是需求，引导读者注意需求与解决方案之间的区别，然后通过介绍用户研究的几种方法，引入需求分析的讲解，最后介绍需求优先级的划分原则。学完本章内容，读者将掌握需求分析与管理的方法和技巧。

| 学习目标 |

了解需求与需求分类

掌握用户研究的方法，具备挖掘用户真实需求的意识和能力

掌握描述典型用户和典型场景的方法

掌握头脑风暴的方法和技巧

掌握数据分析的方法和技巧

掌握划分需求优先级的原则

3.1 需求概述

需求是产品经理在工作中经常接触的一个词语，其来源于用户的痛点。我们必须弄清楚究竟什么是需求，需求有哪些类型，才能走好产品设计的第一步。

▶ 3.1.1 需求是什么

> **狄老师**：小张，你觉得什么是需求呢？举个例子。
>
> **张同学**：例如，天冷了需要买棉衣，业余时间需要和朋友社交、玩游戏放松自己，等等。
>
> **狄老师**：很好，这些都是生活中最常见的需求，有些需求可以通过软件系统来解决，产品经理需要对这类需求进行分析和整理，并且要对需求有更深层次的理解。通过接下来的学习，大家会对需求有更加清晰的认识。

从心理学来讲，需求是由个体在生理或心理上感到某种欠缺而力求获得满足的一种内心状态，它是个体进行各种活动的基本动力。

从产品角度来讲，需求是某一类用户在某些特定的场景下产生的期望，是用户遇到的问题。例如，25 岁的白领小王，公司离家很远，下班后没有时间准备晚饭，希望到家后能很快吃上晚饭。

用户	场景	期望
25 岁的白领小王	公司离家很远，下班后没有时间准备晚饭	到家后能很快吃上晚饭

需求的来源除外部用户外，还可以来自公司老板、市场部门、运营部门、财务部门等，也可以通过数据分析发现用户的需求。

但有一点需要注意，我们经常挂在嘴边的"想要做一个某某功能""某某功能如果改成这样就更好了"等说法并不是需求，而是为了满足需求的一种解决方案（或功能），功能不等于需求！

当用户或客户在向我们提出需求时，要注意判断他们提出的究竟是需求还是功能。很多时候他们提出的所谓"需求"其实是经过了自己加工的一种"解决方案"，并不是他们遇到的根本问题。前文白领小王的例子中，小王的需求是：在下班后减少等待时间，尽快吃上晚饭。那么，外卖软件的解决方案是：提供人工切换收货地址、选择送达时间两项功能，在公司提前点餐送到家中，到家后可以直接吃饭。如果用户不想点外卖，那么回家途中的线下商家可以提供半成品商品，买回家后省去备菜的环节，经过几分钟的炒制即可成菜，也能实现减少等待时间的期望，这也是一种不错的解决方案。这就说明，同一个需求可以有若干个解决方案供用户选择。

下面再分享一个经典的例子来说明需求和解决方案之间的关系。

20世纪初，张三想从甲地到乙地，提出"我想要一匹更快的千里马"。那么，"千里马"是他的需求吗？显然不是，张三的核心需求是更快地到达目的地，"千里马"是他提出的解决方案，而这种解决方案受人们认知的影响，并不一定是最优的，在当时人们的认知中，他只能想到"千里马"。后来人们开始研究制造汽车，显然"汽车"这个解决方案更优秀，随着科技的发展，又出现了高铁、飞机等解决方案。

▶ 3.1.2 马斯洛需求层次理论

马斯洛需求层次理论是心理学中的理论，它把人的需求分成生理需求、安全需求、归属与爱的需求、尊重需求、认知需求、审美需求和自我实现需求7个层次。产品经理作为经常与用户打交道的角色，需要对用户心理学有一定的了解和认识。

（1）生理需求：满足人们最基础的衣、食、住、行的需求。例如，购物App、外卖App。

（2）安全需求：对理财安全的需求，对健康的需求。例如，理财App、互联网问诊App。

（3）归属与爱的需求：与他人建立情感联系的需求，也就是社交需求。例如，社交App、社群圈子App。

（4）尊重需求：认可自身努力成果、取得成就的需求。例如，App中的排行榜、点赞功能等。

（5）认知需求：求知、探索周围世界，解决疑难问题的需求。例如，App中的知识付费模块。

（6）审美需求：追求与欣赏美好事物的需求。例如，短视频App。

（7）自我实现需求：最高层次的需求，发挥个人能力，创造价值，实现自我价值。例如，自媒体平台。

马斯洛需求层次理论是一个金字塔模型，需求是由低到高逐级形成并得到满足的。

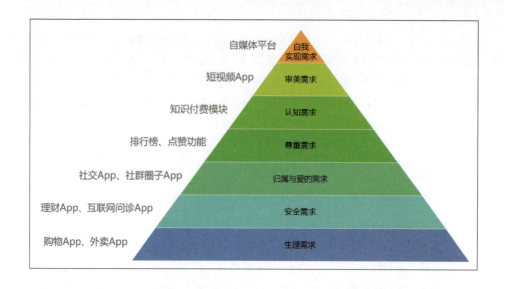

在互联网时代,软件产品有着满足人类个体需求的天然优势,尤其是 C 端产品更容易参照马斯洛需求层次理论。同一款产品可能能够满足多个层次的需求,这类产品在设定需求优先级时,要先满足低层次的需求,再满足高层次的需求。

▶ 3.1.3 需求性质

按需求的性质,可以把需求分为功能性需求和非功能性需求。

(1)功能性需求:用户直接操作使用的软件功能,以此来实现业务需求,达成目标。例如,搜索商品、加入购物车、申请退款等。注意,有些需求用户也许不会直接提出,但这些需求是系统正常运行必须具备的,例如,授权管理、数据字典管理、版本管理等。

(2)非功能性需求:为保障软件系统的平稳运行、功能的正常使用,对软件系统提出的其他特性要求,一般包括如下指标。

①易用性要求:对软件界面的易用性、美观性,以及用户的文档和培训资料等方面的要求。

②性能要求:对系统响应时间、并发量、资源利用率等方面的要求。例如,系统能满足 1000 人并发使用。

③安全性要求:对系统抵御和承受潜在风险的能力要求,以及对用户的身份认证、权限控制等方面的要求。例如,保障用户数据不被外部盗用。

④可靠性要求:对系统故障率、灾备机制等方面的要求。例如,要求系统 7×24 小时不间断运行,每年非计划停机时间不超过 10 小时,服务器出现问题时能够快速切换至备份机等。

⑤可维护性要求:对系统易分析、易修改、易升级等方面的要求。例如,当功能发生变化时,除原始开发人员外,其他开发人员通过阅读源代码和相关开发文档,就能很方便地进行修改。

> **张同学**：狄老师，功能性需求和非功能性需求，哪个更重要呢？

> **狄老师**：这二者不能说谁更重要。产品经理关注比较多的是业务，所以可能对功能性需求的整理花费的时间比较多，后续输出的界面原型也基本上是对功能性需求的展示，所以非功能性需求容易被忽视。

> **张同学**：那我们如何提出非功能性需求呢？

> **狄老师**：有些非功能性需求是能够和开发人员达成默契的，例如，在每个系统中，开发人员本身就要降低模块之间的耦合性，实现"高内聚、低耦合"，以达到可维护性的要求，这一点就不需要过多说明。但有些非功能性需求要明确提出，例如，对性能的要求，就需要提出具体的、可量化的指标。以响应时间为例，大部分功能模块的响应时间可以要求在 1~3 秒，但某些特殊的模块可能无法达到要求（如数据统计、导入导出），就需要进行单独的说明，不能一股脑把所有的响应时间都写成统一的。

▶ 3.1.4 产品价值

产品价值包括核心价值、期望价值和附加价值。

（1）核心价值：为用户提供最基本的服务，满足用户最核心的需求，如果没有核心价值，产品就没有存在的意义，用户就不会使用它。产品的核心价值就是实现了卡诺（KANO）模型中的基本型需求。例如，微信的核心价值就是聊天。

（2）期望价值：产品能够更好地为用户服务，满足用户对高品质工作和生活的需求，如果期望价值做得好，用户黏性就会更高。产品的期望价值就是实现了卡诺（KANO）模型中的期望型需求。例如，微信的期望价值就是能够进行更优质的社交，朋友圈、红包等功能应运而生。

（3）附加价值：产品能够提供的附加收益，与产品的核心功能基本无关，附加价值能够带给用户惊喜，让用户眼前一亮。产品的附加价值就是实现了卡诺（KANO）模型中的魅力型需求。例如，微信的附加价值就是可以通过小程序和支付连接生活的方方面面。

上面提到的卡诺（KANO）模型是对用户需求进行分类的一种模型，也是对需求优先级进行排序的常用工具，在3.6.3小节中会进行介绍。

随着产品的不断发展和人们对新事物的不断追求，产品价值是会发生变化的。例如，在发展中期，微信的附加价值是可以进行手机支付，但现在微信的附加价值可能就变成了可以购买理财产品。

狄老师：小张,我们之前提到过"万物皆产品"的理念,如果把一家饭店当作一款产品来对待的话,你来思考一下它的产品价值是什么呢?

张同学：饭店的核心价值是能够提供饭菜、酒水饮料,解决顾客饥饿和口渴的问题。期望价值是饭菜的口味非常好、就餐环境很优美、能提供 Wi-Fi 等,显著提升顾客的就餐体验。附加价值可以是顾客在就餐的同时,饭店免费把顾客的车清洗干净了,顾客觉得饭店很贴心。

狄老师：说得不错。并且我们可以发现,在生活中,能够实现前两层价值的饭店就已经非常受顾客欢迎了。同理,一款软件产品,能够很好地实现核心价值和期望价值,就已经非常优秀了,但我们不能忽视对附加价值的挖掘。

3.2 用户研究

以前的产品设计是工程师思维过程、计算机逻辑,现在的产品设计一般遵循 UCD(User Centered Design,以用户为中心的设计)理念,从用户的需求和感受出发,高度关注并考虑用户的使用习惯、预期的交互方式、视觉感受等方面,从一定程度上讲,用户研究是产品设计的开始。

下面从两个方向介绍用户研究:定量研究和定性研究。

▶ 3.2.1 问卷法

问卷法是最基本、最简单的定量研究的手段,可以在短时间内获取大量的数据,可以线上填写,借助网络的力量广泛传播,降低投入成本。

问卷中的题目一般分为结构式问题和非结构式问题两种。结构式问题预先设置了几个备选答案,参与者直接选择即可,又称为"封闭式问题"。非结构式问题没有预设答案,参与者根据自己的情况填写,又称为"开放式问题"。下面是结构式问题和非结构式问题的示意。

结构式问题	非结构式问题
问题 1： 您每天花费在 App 上的时间是多少？ A. 平均每小时 1~10 分钟 B. 平均每小时 10~20 分钟 C. 平均每小时 20 分钟以上 问题 2： 您使用 App 的过程中，有闪退或死机的情况发生吗？ A. 从未有过 B. 偶尔发生 C. 经常出现	问题 1： 在使用 App 的过程中，您觉得哪些功能不太好用？ 问题 2： 您还希望 App 提供哪些新功能？

1. 设计问卷

在设计问卷时，请注意如下细节。

（1）要把产品、品牌的名称和 LOGO 放在显著位置，让用户能够第一时间清楚地了解到他在为谁做调研。

（2）非结构式问题（开放式问题）的数量不宜过多，避免让用户过多思考。除非参与填写调查问卷的是产品的"忠实粉丝"，否则用户很容易丧失耐心。

（3）题目的总数不要太多，尽量控制在 3 分钟以内可以答完整套问卷为宜。

（4）问题和备选答案的描述要通俗易懂，尽量避免使用专业词汇。

（5）问题和备选答案要保持中立，不要带有倾向性和引导性。

错误举例	您认为这个按钮是不是红色比蓝色更有点击欲望？
正确举例	您认为什么颜色的按钮更有点击欲望？ A. 红色　B. 蓝色

（6）注意问题的排序。先列出较为简单的问题，然后列出需要用户花费一定时间思考的问题。先列出结构式问题，再列出非结构式问题。

（7）问题尽可能具体化，避免抽象、过于开放的问题。例如，想了解用户对某 B 端线上培训产品的"学员管理"功能是否满意，可以把问题具体设计为"批量导入学员时等待的时长有多久""等待时长是否在可接受的范围内""批量导入失败时，根据提示信息是否能快速定位到错误"等。

（8）涉及用户体验的问题，可以参照卡诺（KANO）模型的思路把选项设置为 5 个层次："非常喜欢""正常表现""无所谓""勉强接受""讨厌"。下面是一个示意的卡诺问卷表。

问题	非常喜欢	正常表现	无所谓	勉强接受	讨厌
您觉得 App 中的一起看视频功能怎么样？	（　）	（　）	（　）	（　）	（　）
您觉得 App 中的分组聊天功能怎么样？	（　）	（　）	（　）	（　）	（　）
您觉得 App 中的广告展示频率如何？	（　）	（　）	（　）	（　）	（　）
…	…	…	…	…	…

（9）问卷中要填写一些必要的个人信息，但不要涉及个人隐私，例如，不要让用户填写姓名、住址等。可以填写性别、学历、地域、职业等，这些信息用户一般不会避讳，真实性有一定的保证，同时也是组成用户画像的关键内容。

2. 投放问卷

张同学：狄老师，题目设计完成后就可以投放了吗？

狄老师：问卷正式投放之前，可以先小范围进行问卷测试，主要是查看问卷的回收率，如果回收率在 60% 以下，则说明问卷的题目设计出现了问题。如果有条件，也可以请教相关领域的专家，对问卷的科学性进行评估。

小范围的问卷测试通过后，可以在微信群、朋友圈、App 站内消息等多渠道进行投放，尽量多地覆盖目标用户群体，保证调查的样本数量，可以适当给用户提供一些回报，例如，参与领红包等。另外，注意投放的用户群体要与设计的题目相符，如果问卷的答题者都没使用过题目中涉及的功能，或者和问卷中调研的业务需求不相关，那么最终的结果有可能非常不准确，误导产品经理作出错误的决策。

问卷正式投放后，要注意每天观察问卷的数据。除看问卷的答题数据外，还要关注每天有多少人打开了问卷，有多少人提交了问卷，什么时段提交得更多，进而决定是否需要调整投放和宣传策略。

通常会利用"问卷星"等软件来编写问卷，并在互联网上进行投放，用户在手机端或电脑端填写后，可直接在问卷系统的后台形成统计数据，供查阅和分析。

3. 问卷结果

调查问卷的结果仅供参考，用于辅助决策，要保持谨慎的态度，它不能决定产品的设计和规划。

3.2.2 用户访谈法

用户访谈法是最常见的一种定性研究的手段。通过用户访谈，可以直接接触到用户，了解用户内心的真实想法。除产品经理外，项目经理、UI/UE 设计师都可以参与或主持用户访谈。

对于一个全新的产品，没有用户基础，想要获取用户的真实需求，精准定位用户的痛点，必须与用户直接沟通，获取第一手资料，定义产品功能。

对于已经上线的产品，有了一定的用户数据和业务数据，可以通过用户访谈来直观感受用户的反馈，检验当前产品的运营效果，规划未来产品的迭代内容。

与调查问卷类似，用户访谈分为结构式、非结构式和半结构式。一般采用半结构式访谈，把结构式问题与非结构式问题相结合。

1. 访谈准备

在访谈开始前，要充分做好准备工作。

（1）确定用户访谈的对象。访谈对象必须是产品的目标用户、真实用户，如果用户曾经对产品进行过反馈，那么他们更容易接受邀请。也可以从调查问卷中挑选高质量问卷，邀请用户进行访谈，并进一步结合产品属性，从用户的年龄、性别、职业、学历、婚姻状况等不同维度筛选。

（2）用户访谈不是随意聊天，要提前设计访谈大纲。可以使用表格制作，也可以使用思维导图。

（3）确定内部的访谈参与人、访谈时间、访谈地点，制作邀请函。

2. 访谈开始

访谈开始后，要注意以下细节和技巧。

（1）开场要快速建立主持人和被访谈者之间的信任。

（2）请用户谈谈产品的使用经历，注意倾听细节。

（3）除访谈大纲中的预设问题外，注意收集用户在访谈中主动提出的问题。

（4）注意观察用户的语气、神态、情绪。

（5）不对用户表达的内容作评价。

（6）如有必要，可以让用户对产品进行现场操作演示，这样能真实反映出用户的使用习惯。

（7）结合场景，挖掘用户真实需求。多问几个为什么，思考用户为什么这样说，为什么这样做。

（8）做好访谈记录，如果需要录音、录屏，需要征得用户的同意。

（9）遵守约定的访谈时间，不要超时。

3. 访谈结束

访谈结束后，要对参与者表示感谢，对访谈内容进行整理。

（1）对参与者表示感谢，如有约定，要及时支付报酬、赠送小礼物等。

（2）整理访谈笔记，最好在当天就整理完成，如果等待时间过长，会遗忘一些隐形信息，例如，用户在提问或回答时的情绪表现。

（3）对用户提出的问题进行分类。例如，功能优化问题、功能缺失问题、新需求等。下面是一个问题记录表。

序号	问题分类	用户类型	问题描述
1	功能优化	消费者	定位不准
2	功能缺失	总部财务	缺少查看各门店财务日报表功能
3	新需求	商家	我们有些生日蛋糕的品类制作时间较长，一般在 2 小时左右；如果接单后像传统餐饮行业那样自动通知骑手，骑手来取货时是无法完成制作的，能否增加手动向骑手推单功能？
4	新需求	商家	打印的小票上最好能增加当日序号
…	…	…	…

（4）对访谈中用户提出的问题进行评估，提出解决方案，评估优先级，放到需求池中。

（5）在进行多次用户访谈后，可进行整体的反思与复盘，在项目团队内部或跨团队进行分享。

张同学：狄老师，通过上面的学习，我感觉用户访谈就是对问卷调查的一种补充。

狄老师：说得有道理，但不全面。问卷调查是广泛的、浅层的调研，而用户访谈的层次更深。二者的先后顺序不是一成不变的，也可以同时进行。
你可以先通过问卷收集大量的数据，然后对比数据之间的共同特征和差异性，按照差异性设计不同的访谈内容，进行更加深入细致的了解。
也可以先针对某个典型的用户群体进行用户访谈，然后修正调查问卷，提升问卷的回收率和有效率。
还可以同时进行问卷调查和用户访谈，提出相同的问题，看两种方式得出的结果是否相同，并加以分析。

3.2.3 情景观察法

可以使用高保真界面原型、产品 Demo 或真实的软件系统，让用户实际操作，我们在一旁观察用户的操作方法和现场反馈，这就是情景观察法，同时也完成了一次用户测试。

> **张同学**：狄老师，情景观察法有什么好处呢？
>
> **狄老师**：通过问卷调查和用户访谈获取的反馈信息有时候不够准确，原因之一是用户在进行"想象"而不是"实操"，用户在表达的时候可能会经过语言加工，表达的含义可能更加委婉。通过情景观察，可以获取没有经过任何加工的信息。

1. 观察要点

（1）情景观察要在轻松的环境下进行，也可以与用户访谈相结合。

（2）除开始前对用户交代一些背景等内容外，不要对用户提供指导，不要干预用户的操作。

（3）给用户模拟若干个任务场景，观察用户的操作路径、页面停留时间、达到目的（完成功能）的成功率等。

（4）观察用户的表情，是否有负面情绪，是否有困惑或抱怨。

（5）情景观察的地点可以是用户真实的使用环境，也可以是实验室环境，尽量模拟真实布景。例如，提供给高校使用的产品，可以选择在学校机房进行。

2. 观察结果

用户注视某个页面的时间并不是越久越好，用户可能确实看到了感兴趣的内容，也可能产生了困惑，需要花费更多的时间去理解，在观察结束后询问用户在页面上停留时间较长的原因。

也可以使用眼动仪来监测用户眼睛的运动方向和注视时间，形成页面热力图。但眼动仪的成本较高，且必须在专业的实验室进行，读者简单了解即可。

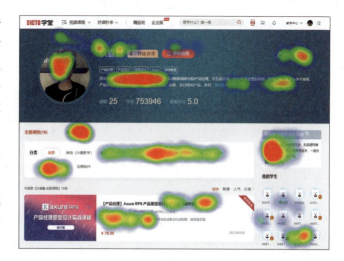

3.2.4 收集反馈法

收集用户的反馈，有针对性地优化产品，可以提升用户的满意度。团队成员中任何人收集的反馈信息最终都要汇总给产品经理，统一进行评审和规划。

狄老师，之前学习的几种和用户接触的方法，最终不都是要记录用户的反馈吗？我们这一小节和之前的内容有什么区别吗？

我们这一小节所说的用户反馈，指的是用户主动进行的反馈。用户如果能够主动反馈，说明他们遇到的问题已经明显影响使用了，需要我们重点关注。

1. 收集渠道

（1）社交平台：可以在社区、论坛、微博等平台查看用户发表的帖子。

（2）应用商店：对于互联网产品，可以查看其在应用商店里的评价，获取反馈信息。如果是小程序产品，可以在小程序官方后台查看用户反馈。

（3）客服：可以让客服、运营部门在处理客服问题时，帮助汇总常见的问题，产品经理也可以亲自做一段时间的客服工作，直接面对用户，获取第一手资料。

（4）用户群：当初期产品规模不大时，可以建立一些粉丝用户群，在群里直接和用户对话，甚至可以一起交流讨论。定制化开发的产品，也可以通过 QQ 群 / 微信群解决客户的问题。

2. 收集内容

收集反馈的内容包括反馈内容、反馈模块、反馈类型、版本号、反馈渠道等，但并不一定每个内容都能收集到。其中反馈类型可以分为表扬类、批评类、Bug、新需求、其他。要记录用户的原始反馈，不要进行二次加工。

下面是一个示意的反馈记录表。

序号	反馈内容	反馈模块	反馈类型	版本号	反馈渠道
1	我最爱吃的甜品店支持送外卖了，用了一次体验非常好！	—	表扬类	1.0.5	社交平台
2	定位经常不准	首页	批评类	1.0.5	商店 / 平台评价
3	如何开具发票？	发票	其他	1.0.3	客服
4	生日蛋糕每天都是现做的，每天都要更新库存，能不能批量更新库存？	商品	新需求	—	用户群
5	没有找到储值卡退费入口	支付 / 退款	其他	1.0.2	客服

3.3 典型用户和典型场景

所有的需求都是基于典型用户和典型场景提出的,如果抛开用户和场景,需求就不复存在。抓住产品的典型用户,确立典型场景,才能更好地服务于用户。

▶ 3.3.1 典型用户

产品不是服务于所有用户的,典型用户就是目标用户的典型代表,把具有共性特征的目标用户通过若干个维度进行描述,与用户画像有异曲同工之妙。

下面是整理典型用户的常用模板。

音频类 App 典型用户	
姓名	李明
性别	男
年龄(年龄段)	24~28 岁
收入水平	10000 元 / 月
学历、知识、能力	大学本科学历,擅长从互联网上获取知识技能,动手能力强,愿意尝试新事物
生活 / 工作情况	北京一线软件产品经理
使用产品的场景	做美食时,睡前,在家中放空自我时
代表的用户比例	50% 左右
使用产品的目的	解闷,助眠,放松
用户偏好	宅,阅读,美食

▶ 3.3.2 典型场景

从典型用户的模板中,把用户使用产品的目的抽离出来,描述用户在使用产品达成目标的过程,就是典型场景。典型场景主要包含用户、空间、时间、动机和解决方案 5 个维度。

（1）用户：使用产品的典型用户，是场景的主角，不同的典型场景下会有不同的典型用户。

（2）空间：用户使用产品的地点、周围的环境，要注意总结用户所处的空间有哪些特征，用户在这样的空间中有哪些限制。例如，外卖骑手小李在电动车上使用接单 App，电动车在骑行过程中是很颠簸的，用户不能长时间腾出手来操作手机。

（3）时间：用户使用产品的时间，可以有具体的时间参数，也可以是泛指，例如，工作时、吃饭时、洗澡时、睡觉前等。

（4）动机：动机是典型场景中的关键，它是促使用户使用产品的动力。例如，小红在睡觉前，为了催眠而使用音频 App。

（5）解决方案：用户在特定时间、空间中遇到问题想要使用我们的产品时，产品如何帮助用户解决问题，达成目标。例如，外卖骑手小李在电动车上接单时，因为骑行很颠簸，难以操控手机，所以页面上的"抢单"按钮的面积很大，方便用户快速点击。

 张同学　狄老师，我们在描述典型场景时，这 5 个维度都必须描述清楚吗？

 狄老师　是的，5 个维度缺一不可，但是并不是每个维度都对产品设计有非常明显的指导作用。例如，小红在睡前为了催眠而听音频，我们在设计产品时，就可以设计一个"根据时间来推荐不同类型音频"的功能，在晚上 10~12 点，增加催眠类音频的推送，减少快节奏音乐的推送。在这个典型场景中，"空间"这个维度对产品功能设计的指导作用就比较有限，但在详细分析场景之前，你并不知道哪些维度更有帮助，所以在描述典型场景时，5 个维度缺一不可。

同一个目的在不同场景下的解决方案是不同的，下面列举两个典型用户小 A 和小 B 同在"搜音乐"这个目的下的典型场景描述。

小 A 是一名喜欢健身的大学生，他晚上下课后在操场上跑步时，希望听一些快节奏的音乐来让疲惫了一天的身心放松一下。解决方案是：提供"跑步电台"功能，随机播放适合跑步时收听的快节奏音乐。

小 B 是一名特别喜欢音乐的职员，他在生活中随时听到好听的音乐时（如在餐厅吃饭时、在家中看视频时），都想加到自己的歌单之中。解决方案是：提供"听音识曲"功能，根据麦克风捕获到的音频，识别曲库中的音乐。

3.4 头脑风暴

头脑风暴是互联网团队中最常见的一种讨论模式，它是对某个主题进行自由的思考与联想讨论，每个人的发言相互影响、相互感染，突破传统思维的束缚，让不同角色、不同岗位的成员碰撞出新的火花，产生新的创意和解决方案，同时也能锻炼团队成员之间的默契程度，是产品经理进行需求分析和产品设计的重要方法之一。

▶ 3.4.1 准备工作

为了让头脑风暴能够更好地达成预期目的，也为了让讨论更加高效，可以进行一些前期准备工作。

（1）先明确头脑风暴的主题，让大家明白本次讨论要解决的问题、达成的目的是什么。也可以准备一些参考资料发放给与会者，有助于大家更好地理解本次头脑风暴的背景。

（2）确定所有与会者。与会人数一般控制在 5~12 人，人数太少不利于思维的相互碰撞，人数太多则难以把控，每个人发言的机会相对会减少。可以让每个部门的人都参与，不同岗位的人思维方式是不一样的，更容易互相启发，产生新的灵感。

（3）确定 1 名主持人，1~2 名记录者，也可以由主持人兼任记录者。主持人的职责是公布讨论主题，维持讨论纪律，把控讨论进程，调动与会者发言的积极性，对与会者的发言进行阶段性总结，对偏离主题的发言进行纠正引导。

（4）准备会议室。会议室的座位摆放尽量对坐，不要都朝着一个方向。

张同学　狄老师，头脑风暴的主持人必须是产品经理吗？

狄老师　大多数情况下，与需求相关的头脑风暴，主持人一般由产品经理担任，但原则上只要思维灵敏，应变能力强，具有一定的控场能力，都可以担任头脑风暴的主持人。

3.4.2 纪律和注意事项

为了保证头脑风暴的效果,通常会制定如下几条纪律,所有与会者都要自觉遵守。

(1)公开讨论,不要私下讨论。有任何想法直接公开提出,不要窃窃私语,这样会影响其他人的思考,同时会影响讨论的氛围。

(2)积极讨论,不要消极旁观。每个与会者都要积极发言,参与到讨论中,不要只旁观不发言,消极的状态也会影响其他人。

(3)禁止批评与自我批评。这是一条重要的纪律,每个人都不能对其他人发表的内容进行批评,即使你认为对方提出的想法很荒诞。也不要"过分谦虚",说出类似自我批评的话。批评会抑制人们的思维,扼杀创新性的发言,影响会议氛围,打消人们发言的积极性。

(4)禁止当场评价。对与会者的发言不当场作出正面评价或负面评价,不要有过于夸张的表情和神态。

 狄老师,头脑风暴时为什么不能评价其他人的想法呢?通过反复的交锋,不是更能得出正确的结论吗?

 任何头脑风暴纪律的制定,根本上都是为了防止破坏讨论的氛围。"当场给出评价"的后果就是会反复针对一个问题进行讨论,容易"钻牛角尖",影响发散思维,影响新想法的产生,并且人的精力是有限的,头脑风暴要把精力放在新想法的产生上面,而不是争论对错。研究想法是否正确,是否可落地执行,是头脑风暴结束之后的事情。

在头脑风暴的过程中,主持人把控着讨论的节奏,要注意以下内容。

(1)注意把握时间。头脑风暴的时间最好维持在半小时至一小时,注意人们进入状态是需要时间的,高质量的想法往往会在讨论开始10分钟左右后产生。

(2)要引导自由发言,但不要跑题。注意观察每一位与会者的状态,当发现很少发言的与会者时,要善于激发他的思考。

(3)当发生长时间冷场时,可以短暂地休息,然后继续进行。

(4)要鼓励大家尽可能多地发表想法与创意,追求数量而非质量,数量越多,出现高质量的想法与创意的可能性就会越大。

▶ 3.4.3 常用方法

张同学：狄老师，头脑风暴有哪些具体的执行方法呢？

狄老师：任何方法都要遵循头脑风暴的根本原则，那就是自由性、发散性、包容性。下面会介绍几种常用的头脑风暴方法。

1. 直接法

头脑风暴最常用的执行方法就是与会者坐在一起，直接把自己的想法大声说出来，不要有顾虑，不指定发言人，不指定发言顺序。这种方法对记录者的要求比较高，要跟得上每位发言者的节奏，清晰地记录下每个想法，注意提炼、整理、归纳。

2. 思维导图法

先确定一个中心词，与会者根据中心词联想更多相关联的词或短句，形成叶子节点。随着叶子节点越来越丰富，可以找出类别相近的关联词和短句，然后不断内敛，形成不同方向的几个分支。接着可以针对每个叶子节点继续发散，当某个叶子节点超过两分钟没有想法时，果断跳过。

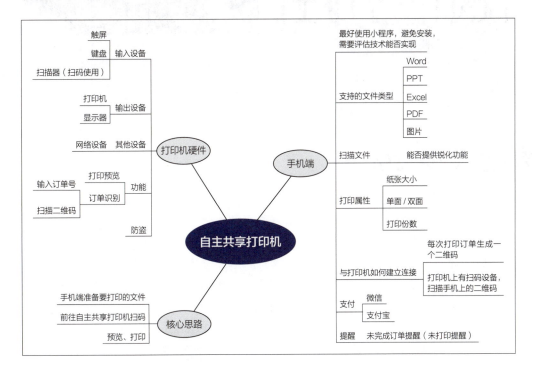

思维导图可以使用白板手工绘制,也可以使用 XMind、ProcessOn 等软件工具。

3. 卡片展示法

给每位与会者发放若干张卡片,5 分钟内在卡片上写清自己的想法(每张卡片上写一个想法),然后把卡片贴到白板上,把相同、相近的想法贴在一起,由提出者阐述。

接着重复上述步骤,直到大家把能想到的所有内容全部写完。

4. 卡片传递法

给每位与会者发放 5 张卡片,在卡片上写出 5 个想法(每张卡片上写一个想法),然后把这些卡片传递给下一位与会者,由其对卡片上的想法进行补充,或者在原来想法的基础上产生新的想法,继续写在卡片上。

在 30 分钟的时间内持续几轮,直到大家把能想到的所有内容全部写完。

3.5 数据分析

对用户的行为数据和产品的业务数据进行收集和分析,促进产品业务和用户增长,指导产品的功能设计和运营策略的调整,是产品经理的必备技能之一。本节列举了几个常用的数据分析指标,供读者参考。需要说明的是,数据分析往往是产品运营部门内部的需求,在项目刚刚起步的阶段或排期紧张时,它的优先级会低于外部的用户需求,所以产品经理要提前把需要获取的数据指标与开发人员交代清楚。如果没有时间开发可视化界面,可以先由技术人员辅助导出这些数据,利用 Excel 等工具进行分析,待运行平稳后,再开发真正的数据统计功能。

3.5.1 访问指标

> **狄老师**：小张，你觉得可以通过什么来判断自己的产品是不是火爆呢？
>
> **张同学**：当然是访问量了！访问的人数越多，就意味着产品越火爆。
>
> **狄老师**："访问量"这个词是经常提到的，但是"访问量"究竟是如何定义的？访问量越高，真的就意味着使用的人越多吗？下面我们来系统学习产品的访问指标。

用户访问软件系统是第一步，常见的访问指标如下。

（1）PV（Page View）：页面访问量，在一个统计周期内，用户每打开一次页面，就计算一次数量，是累计访问量。

（2）UV（Unique Visitor）：独立访客量，在一个统计周期内，同一个用户多次打开页面，只计算一次。

（3）跳出率：①用户只访问了首页就离开的次数占访客总次数的比例，用于考量对产品的第一印象，跳出率越高，说明产品的初次体验越差，用户不愿意继续停留。②用户访问某一个页面的次数占相关页面组访问总次数的比例，用于考量产品的某个功能迭代的体验、某个新的营销活动的效果等。

（4）页面停留时间：用户在每个页面的停留时间与平均停留时间。

（5）访问来源：用户访问产品的途径，用来统计用户来源和用户使用习惯。例如，微信小程序可以记录的来源包括自行搜索、用户分享、扫描二维码、微信消息页下拉进入等。

上述指标一般是按照时间维度进行统计，形成折线图、饼图等图表，也可以采用"同比"和"环比"的对比方法。

（1）同比：当前约定时段内某个时间的数据与上一个时段内相同时间的数据对比。例如，今年5月份与去年5月份的数据对比。又如，今年第一季度与去年第一季度的数据对比。

（2）环比：当前约定时段与上一个相邻时段的数据对比。例如，今年5月份与今年4月份的数据对比。

3.5.2 转化指标

我们的目的是让用户使用产品后完成转化，转化也分成不同的阶段，把游客吸引为注册用户可以叫作转化，把普通用户转变为付费用户也可以叫作转化。常见的转化指标如下。

（1）注册用户数：在一个统计周期内，新用户的注册数量。

（2）注册率：在一个统计周期内，新用户的注册数量占来访总用户数量的比例。

（3）活跃用户数：可继续细分为日活、周活、月活，指每天、每周、每月活跃的用户数量。关于"活跃"，不同的产品有不同的定义，例如，社交产品中每天在线时长超过 2 小时的用户称为日活用户。电商产品中每月交易数量达到 5 笔的用户称为月活用户。

（4）沉睡用户数：可根据业务自定义，在某段时间内没有登录系统、没有发生任何业务行为的用户数量。例如，在 2 个月内没有发生过任何交易行为的用户。

（5）业务数量：关键业务节点的执行次数。例如，电商产品商品详情页的浏览量、交易次数、退款次数等。

（6）业务转化率：在一条业务流中，下一个业务节点的执行次数占上一个业务节点执行次数的比例，或者指定业务节点的执行次数占第一个业务节点执行次数的比例，每个步骤之间转化率的一般规律是越来越低的。例如，商品从下单到支付这一个环节的转化率 = 支付成功的笔数 ÷ 下单的笔数，但购买行为的整体转化率 = 支付成功的笔数 ÷ 访客量。

业务转化的过程通常会符合"漏斗模型"，前面的环节影响后面的用户行为。在观察漏斗时，注意漏斗的持续时间。例如，用户购买一件 100 元的 T 恤可能当天就能作出决定，但购买一台价值 10000 元的电脑可能需要数天甚至数周才能作出决定，遇到平台的大型促销活动时，漏斗的转化时间也会和平时不同。

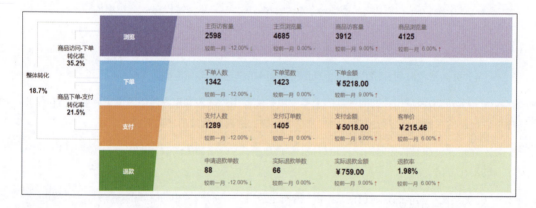

| 张同学 | 狄老师，如果某个环节的转化率显著降低，意味着什么呢？ |

| 狄老师 | 如果转化率显著降低，那么就要考虑在这个环节，用户是不是找不到需要的东西？操作是不是过于复杂？用户是不是遇到了困难？页面是不是变卡顿了？ |

我们往往会在操作路径的基础上统计转化率，例如，某款产品设计了一个答题赢红包的活动，理想的用户操作路径是：打开 App/小程序→打开活动页→开始答题→答题完成。某次版本更新后，答题环节的转化率从 42.6% 下降到 12.6%，通过排查发现，是因为页面上的宣传元素太过抢眼，答题按钮被弱化了，用户很难注意到答题入口，离开了理想操作路径，导致转化率下降。

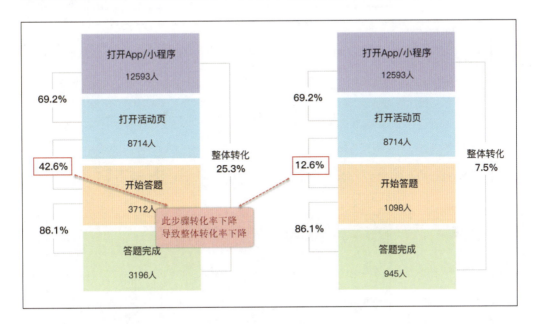

3.5.3 留存指标

现在互联网产品的拉新成本很高，如果用户注册后还没有产生收益就流失了，那么成本就付诸东流了。反之，用户使用产品的时间越长，带来的收益可能就越多，所以当用户使用过产品后，我们要想办法留住他。

留存是产品经理需要长期关注的，指用户注册后在一段时间内还有登录行为。常见的留存指标就是留存率，一般统计第 2 日（次日）、第 3 日、第 7 日、第 14 日、第 30 日的留存率。

留存率一般按用户账号进行统计，并且有两种留存口径，可分为新增用户留存率、活跃用户留存率。除按用户账号统计外，还可以按设备统计留存率。

新增用户留存率使用得较为广泛，以它为例进行讲解。先假定第 1 日是基准时间，那么新增用户留存率的计算方法如下。

$$\text{第 2 日（次日）的留存率} = \frac{\text{在第 1 日新增的用户中，第 2 日又继续登录了系统的用户数}}{\text{第 1 日新增的用户数}} \times 100\%$$

$$\text{第 3 日的留存率} = \frac{\text{在第 1 日新增的用户中，第 3 日又继续登录了系统的用户数}}{\text{第 1 日新增的用户数}} \times 100\%$$

第 7 日、第 14 日、第 30 日的新增用户留存率的计算方法以此类推。

例如，第 1 日新增了 100 个用户，这 100 个用户中有 60 个用户在第 2 日登录了系统，则第 2 日（次日）的新增用户留存率为 60%，有 45 个用户在第 3 日登录了系统，则第 3 日的新增用户留存率为 45%。

张同学：狄老师，活跃用户留存率、设备留存率如何计算呢？

狄老师：活跃用户留存率、设备留存率的计算思路与上面一致，你可以开动脑筋展开思考。另外，也有"把基准时间定义为第 0 日"的说法，每种说法都是正确的，只要明确思路即可。

3.5.4 用户画像

用户画像也称为用户角色，是真实用户的虚拟化代表，把用户的特质抽象成标签，利用标签来描述不同类型的用户，进而提供更精准的产品服务。另外，也可以结合不同的用户画像，对以上小节提到的各类指标分别进行数据分析。

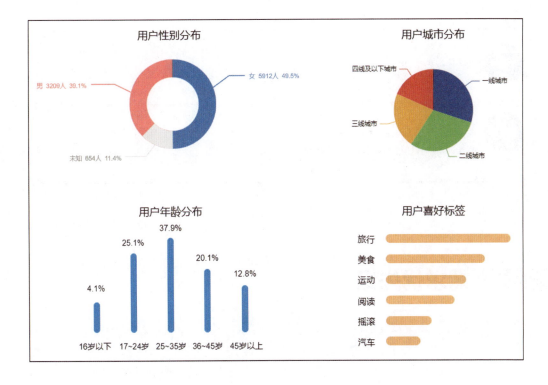

我们把用户的标签简要分成两大类：通用类标签和业务类标签。

（1）通用类标签：每款产品的用户都会有的标签。例如，年龄段、性别、教育程度、收入、职业、婚姻状况、生育情况等。

（2）业务类标签：特定产品独有的标签。例如，电商 App 会有消费水平的标签、视频类 App 会有视频类型的标签等。

狄老师,我们如何获取用户的标签呢?

 用户注册后,引导用户完善基本信息,大部分的通用类标签都能通过这种方式获取。可以设定一些用户成长策略,当用户完善信息后给予一定的奖励。还可以通过用户的行为进行判断。例如,用户在 10 个科技类短视频中停留时间达到 1 分钟以上,就可以给用户贴上"科技"标签。

3.6 需求优先级

团队资源是有限的,产品经理在收到各方人员的需求后,不要着急做产品设计,也不是所有的需求都要一起进入开发排期。产品经理要先整理需求,然后对优先级进行评估。

▶ 3.6.1 需求池

存放需求的池子称为需求池,产品经理要把所有的需求统一汇总管理。

产品经理会接收来自用户、客户、老板和其他部门的需求,也会通过产品运营团队的各项分析提炼新的需求,甚至会出现灵光一现的想法与创意,这些需求的数量会越来越多,如果没有统一的整理记录,很容易忘记。通过建立需求池,记录需求的关键信息,防止在进行产品设计时遗漏一些关键信息。

 狄老师,我感觉需求池起到的就是一个"备忘录"的作用。

 需求池是一个"结构化"的备忘录,并不是简单地写一段文字描述就可以了。下面介绍需求池中的常用字段信息。

需求池可以使用 Excel 表格制作,也可以使用项目管理平台。无论它的载体是什么,一般需要包含如下基本信息:需求编号、需求标题、需求描述、所属模块、需求类型、优先级、需求来源、关联需求、创建人、创建时间、需求状态等。

（1）需求编号：需求池的唯一编号，可以使用项目管理工具自动生成，也可以按照一定的规则约定自行编号（没有标准要求）。例如，可以按照"产品名称字母缩写_功能模块字母缩写_流水号"的格式来编写。

（2）需求标题：提炼需求，形成简短的标题。例如，"优化导出 Excel 中的单元格类型"可以作为需求的标题。

（3）需求描述：把"用户在什么场景下遇到的问题"进行详尽的描述。例如，"财务人员在导出账单时，导出的 Excel 文件中每个单元格都是'文本'类型的，无法进行数学运算，降低了工作效率"。有些需求提出者不会描述遇到的问题，而是直接给出一个解决方案（功能），我们可以先把这个解决方案记录下来，事后再分析他的核心需求痛点是什么。例如，"增加定时上/下架功能"是用户提出来的一个解决方案，在事后分析用户为什么需要这个功能。

（4）所属模块：需求归属于哪个功能模块或子系统。

（5）需求类型：包括新增功能、优化功能、删除功能、需求变更、页面优化、Bug 修复、接口需求等。

①新增功能：增加系统中没有的功能。

②优化功能：对系统中已有的功能进行细节上的优化，以提升用户体验。

③删除功能：对系统中已有的功能进行简化或下线。

④需求变更：对原有的功能逻辑进行修改。

⑤页面优化：对页面样式、交互方式进行优化。

⑥ Bug 修复：产品上线后，对产品的错误逻辑、系统漏洞进行修复。

⑦接口需求：使用第三方平台的接口，或者提供接口给第三方。

（6）优先级：需求越来越多，团队的资源和时间有限，就需要确定需求的优先级。判定方法和原则在后面的小节会做详细介绍。

（7）需求来源：包括用户、客户、老板、其他部门、产品团队。

（8）关联需求：该需求与需求池中的哪些已有需求有关联。

（9）创建人：创建该条记录的人员，方便后期追溯，遇到不确定的内容时可以由创建人进行解释。

（10）创建时间：创建该条记录的时间。

（11）需求状态：包括待评审、已拒绝（需备注原因）、设计中、已排期、开发中、已发布等。

需求池要遵循"宽进严出"的原则，也就是说，任何人提出的需求我们都可以记录下来，但哪些需求可以真正进入排期计划，需要经过严格的筛选与评审。

▶ 3.6.2 四象限法则

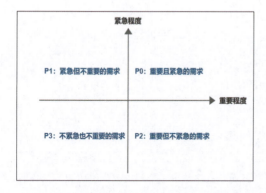

建立一个坐标系，把需求的重要程度和紧急程度分别作为坐标系的横轴和纵轴，划分成 4 个象限，坐标轴向右，代表重要程度越高；坐标轴向上，代表紧急程度越高。

把优先级从 P0~P3 分成 4 个等级，优先级依次降低。

（1）P0：位于第 1 象限，重要且紧急的需求。例如，产品的核心业务，影响产品战略、商务推进、商业变现的需求，线上重大 Bug。

（2）P1：位于第 2 象限，紧急但不重要的需求。例如，重大创新，可以显著区别于竞品的需求，可以依靠它抢占市场的需求。

（3）P2：位于第 4 象限，重要但不紧急的需求。例如，功能优化，影响比较轻微的线上 Bug。

（4）P3：位于第 3 象限，不紧急也不重要的需求。例如，UI 调整、文案优化，不影响业务流程的边缘需求。

> 狄老师：除对需求优先级的管理外，我们在工作和生活中的各项事务，也可以按照四象限法则进行管理，合理分配我们的时间和精力。

> 张同学：明白了，产品经理需要处理的工作内容比较多，利用这个方法可以很好地进行规划！

▶ 3.6.3 卡诺（KANO）模型

> 张同学：狄老师，之前在学习产品价值这一小节时，提到了卡诺（KANO）模型，它们是不是有一些相似的地方呢？

> 狄老师：是的，需求的背后代表着产品的价值，这两部分内容我们可以结合起来学习。

卡诺（KANO）模型是对需求按照用户的期望和满意程度进行分类的有效工具，也是进行需求优先级排序的参考模型，它把用户需求分为 5 种类型。

（1）基本型需求：产品必须提供的功能，用户不会因为产品具备了此种功能而提高满意度，反而当产品不具备此种功能或功能不完善时，会显著降低满意度。

（2）期望型需求：此种功能越完善，用户的满意度越高。

（3）魅力型需求：超出用户期望值的功能，用户不会因为产品没有此种功能而降低满意度，但如果产品提供了此种功能，满意度会明显提高。

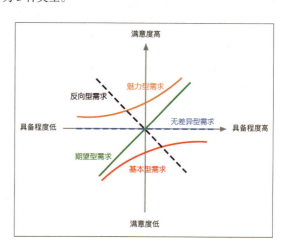

（4）无差异型需求：用户几乎不在意的功能，是否提供此种功能不会影响用户的满意度。

（5）反向型需求：用户不需要的功能，提供此种功能后，反而会降低用户的满意度。

从满足用户期望的维度来讲，产品经理在划分需求优先级时，应该优先满足基本型需求和期望型需求。

3.6.4 最小可行性产品（MVP）

当产品还处在初创期，没有经过市场验证时，我们需要使用最小的成本快速上线，投入市场，查看市场反馈，及时纠正方向。在这个时期，我们需要定义一个最简单的产品版本，只需要满足早期用户的核心需求即可，这就是最小可行性产品（MVP）。

狄老师，我在一些资料中看到，很多人把高保真界面原型或只有前端页面的产品 Demo 当作最小可行性产品（MVP）使用，这是怎么回事呢？

其实，MVP 是一种思想，它的核心是快速验证，在特定的环境下，界面原型或产品 Demo 不失为一种不错的快速实验的方式，但毕竟不是真实可运行的系统，对验证结果的有效性很难把握。按照我的经验，还是应该把 MVP 做成可以帮助用户完成目标的真实软件系统。

如何确定最小可行性产品中的功能呢？

（1）先罗列出所有计划完成的功能。

（2）从最不重要的功能、边缘化的功能开始删减，删减到核心业务流程无法正常运转为止。经验表明，一般管理后台的功能比用户端（App、小程序等）更容易删减。例如，商品分类，这些不需要经常修改的基础数据，就可以暂时不开发可视化的操作界面，直接让技术人员在数据库中预先维护好即可。

（3）还可以删减一些可以人工处理的功能。例如，电商产品中的退款售后功能，完整的退款售后流程是一套比较复杂的逻辑，在 MVP 版本中就可以删减这些功能，当用户有此需求时先联系客服，由客服人员在后台进行操作。

我们还可以把一些设想的功能入口放到产品的界面上，但当用户点击对应的按钮时，提示"敬请期待"之类的文案，同时采集用户数据，分析用户对哪些功能感兴趣。

无论是在确定 MVP 版本，还是在后续的产品规划中，都应该学会"做减法"，产品不是功能越多越好，要学会取舍。

流程图：梳理清楚业务逻辑

本章先通过师生对话模拟在没有绘制流程图的情况下容易出现的问题，进而介绍流程图的重要性，分别介绍业务流程图、任务流程图和页面流程图的相关知识。学完本章内容，读者将掌握各类流程图的意义、绘制方法和常用工具。

| 学习目标 |

了解各类流程图的展现形式及作用

掌握业务流程图的绘制方法

掌握任务流程图的绘制方法

掌握页面流程图的绘制方法

掌握使用 Axure RP 绘制流程图的操作方法

4.1 初识流程图

流程,是指特定主体为了满足特定需求而进行的有特定逻辑关系的一系列操作过程。流程图,就是用图形、图示的方式表达流程。

▶ 4.1.1 流程图的作用

狄老师:小张,确定了产品需求以后,你认为产品经理接下来要做什么工作呢?

张同学:我认为接下来就应该把需求"落地",开始设计产品功能、绘制界面原型了,这是我最感兴趣的内容!

狄老师:好,那我们先来做一个小练习。我们在银行、业务大厅等场所需要排队叫号办理业务,现在要对叫号系统进行升级,除传统的现场叫号方式外,还可以通过手机预约叫号,业务员使用平板电脑作为"呼叫器",在不同的窗口按顺序进行呼叫。现在请你简单绘制一下"呼叫器"的界面原型,用纸和笔就可以。

张同学:好的。这是我画的界面原型,我认为"呼叫"的过程很简单,按照叫号顺序呼叫就可以了,只需要一个页面就可以解决问题。

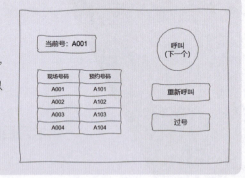

狄老师:那我现在开始提问了。不同的窗口办理不同的业务,业务员在呼叫时,系统怎么知道当前这个平板电脑对应的是哪个窗口呢?

张同学:是不是应该绑定一下?

狄老师：把窗口与什么绑定？提醒你一下，是与平板电脑的硬件设备绑定，还是与业务员绑定？

张同学：我觉得应该与业务员绑定，也就是给每个业务员创建一个账号，业务员上班之前先在平板电脑上登录呼叫系统。

狄老师：那同一个业务员是否会在不同的时间、不同的窗口办理不同的业务呢？如果出现这种情况，业务员和窗口就不是一对一的绑定关系了，无法解决上面的问题。你刚才说到账号，其实也可以把账号的所有者从业务员转移到窗口，也就是说，给每个窗口创建一个账号，任何人在窗口办公，都登录这个窗口的账号，就不会出现刚才的问题了。还可以把窗口和平板电脑的硬件设备绑定，也就是获取平板电脑的物理地址。这两种方式各有优缺点，由于不是本小节的重点，我不再赘述，你可以自己体会一下。

张同学：好的，那除呼叫器与窗口绑定外，窗口和业务是不是也要绑定呢？

狄老师：这次你说得没错，这样系统才会知道每种业务应该到哪个窗口下办理。我再来提问，"过号"的含义是当前号作废，如果是预约号并且还没有到预约时间，客户还没来，怎么处理？这时候不能"过号"，因为还没有到预约时间，客户没有到现场很正常，如果擅自过号，会引发很多矛盾。

张同学：这个我还没想好。

狄老师：你可以先抛开软件系统，想一下现实中的业务是如何处理的。可以先把没有到场的预约客户暂时跳过，稍后继续呼叫。那这样就又会有一个问题，号码的优先级是预约号＞现场号，当某时段预约号的客户全部办理完成，且下一个时段的客户又没有到场时，优先级应该改成现场号＞时段未结束且未到场的预约号。

张同学：它的业务并没有我想象得那么简单。

狄老师：你可以自己再思考一下有没有遗漏的情况，再来找我探讨。我想通过这个小练习向你说明，我们在拿到业务需求后，不要着急画原型，界面原型很容易设计，甚至有很多成熟的产品可以借鉴，各类产品页面的布局也都大同小异，但界面原型背后的业务逻辑需要我们重点思考。

通过上面的对话，我们能够体会到，产品经理拿到需求后立刻进行界面原型设计，容易遗漏一些细节，出现业务漏洞，影响产品的正常使用。在进行需求评审时，开发人员、测试人员、设计师会经常地提出疑问，如果产品经理总是考虑不清楚，无法回答，会显得不够专业，容易失去其他成员的信任。

我们要明白一点，产品设计并不等同于原型设计，它的本质是流程设计，具体表现形式就是流程图。利用流程图，可以督促、辅助我们对业务逻辑进行梳理，查漏补缺。在需求评审时，也可以对照流程图对团队成员进行讲解，有助于他们对需求的理解。

流程图按照颗粒度和使用场景一般可以分为业务流程图、任务流程图和页面流程图，在接下来的小节中会详细讲解它们的绘制技巧。

▶ 4.1.2 流程图的组成

流程图包含形状、结构和泳道图。

1. 形状

流程图的常用形状有圆角矩形、矩形、菱形、平行四边形、双边矩形、文档、括弧和箭头，含义如下。

形状		含义
	圆角矩形	流程的开始和结束
	矩形	功能、步骤、行为、操作
	菱形	判断、流程分支
	平行四边形	输入、输出
	双边矩形	子流程、预先定义的流程
	文档	以文件、文档的方式输入/输出
	括弧	注释、解释，也可以作条件叙述
	箭头	流程的执行方向

在绘制流程图时，只需要尽可能遵守这些通用的使用规范，因为流程图终究只是用来沟通的工具，在实际应用中，无须过分纠结形状的标准含义，只要能够把逻辑表达清晰即可。

2. 结构

流程图的结构分为顺序结构、条件结构和循环结构。

（1）顺序结构：只有一条流程，没有其他流程分支，按照箭头方向依次执行即可，是最简单的一种结构。

（2）条件结构：当流程执行到菱形节点时，按照符合条件的分支执行。条件结构分为两条件判断和多条件判断。两条件判断一般为"是/否"满足菱形节点内的条件，只有两个流程分支，并且这两个条件大多为互斥关系。多条件判断可以把判断条件直接写到箭头上，有多个流程分支。

（3）循环结构：一般会与条件结构同时出现，当符合某一个条件后，循环执行前面的节点，直到符合其他条件时跳出循环。

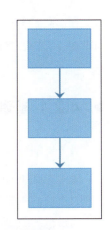

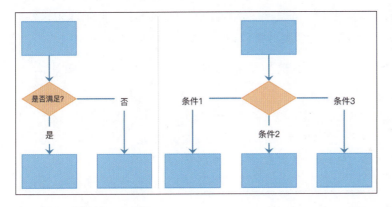

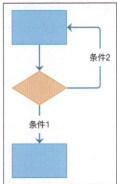

3. 泳道图

泳道图又称为跨职能流程图，当涉及多个角色的交互时，为了清晰地区分每个角色执行的内容，可以使用泳道图。每条泳道代表一个角色，把执行的流程节点放到对应角色的泳道内。

泳道可以是纵向的，也可以是横向的，可以根据展示效果来灵活选择。泳道中可以划分不同的业务阶段，例如，购买商品的流程中，可以分为选择商品阶段、下单支付阶段、等待送货阶段等。

角色可以是某个终端的用户、某个部门的用户等，例如，消费者、商家、财务部等。也可以是其他系统，例如，第三方配送平台、第三方支付平台等。

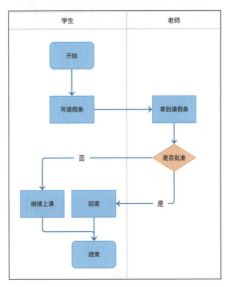

4.2 业务流程图

团队成员通过业务流程图,对业务需求有一个整体的认知,了解业务是如何运转的,有助于团队成员从宏观到微观,逐步加深对业务的理解。

▶ 4.2.1 基础知识

业务流程图是从宏观上分析产品的业务走向,一般不涉及具体的功能细节和操作。

业务流程图的第一类使用者是产品经理自己,用来梳理逻辑、理清思路,这种情况下业务流程图没有过多的绘制要求。第二类使用者是项目经理、运营人员或其他业务人员,他们首要关心的是自己在现实世界中需要做什么工作,而不是具体的功能实现和技术细节。第三类使用者是技术人员,他们却是要关注细节,关注每一个流程分支的处理,但在初始阶段,我们要让技术人员把自己当成非专业人士,先理解业务,然后思考技术细节,从宏观到微观逐步进行。

综上所述,业务流程图的颗粒度相对而言比较大,不在意细节,重点表明"人需要做什么",而不是"计算机需要做什么"。

下面是一张堂食点餐业务流程图,图中混入了"开台""关台"和"提交菜品",这几个节点是软件功能维度的节点。"开台""关台"是软件系统中定义的概念;"提交菜品"只是软件系统中点菜环节的一个小步骤,对于消费者来说,他需要做的事就是"点菜"。

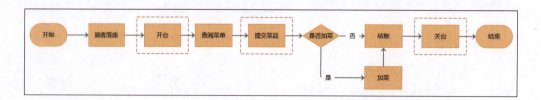

修改后的业务流程图如下,除应该去掉上述3个节点外,还应该增加后厨做菜的环节,这样在现实的业务场景中,整套业务才算完结,后续在完善细节、形成任务流程图(4.3节)时,才不会遗漏。

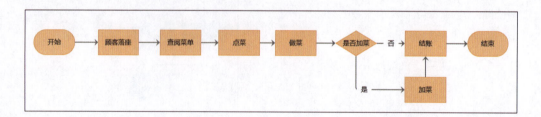

狄老师，上面的错误画法中，即便业务流程图中混入了"开台""关台"和"提交菜品"，也不影响我们对业务的理解啊。

 那是因为我们在书中列举的例子都是大家平常能够接触到的，流程图中的各个节点也是我们司空见惯的，我们不可能列举一个大家完全没接触过的案例，这样大家学习起来比较困难。在实际工作中，如果你负责一个全新的项目，每个岗位的成员都对它不是很熟悉，当第一次对照业务流程图给大家介绍业务时，看到图中混入了各种维度的节点，容易给大家带来困扰。

在绘制业务流程图时，先思考业务的起点和终点是什么，业务涉及哪些角色，每个角色涉及的事务有哪些，事务之间的先后顺序是什么。

通过用户调研、头脑风暴等方式，获取上述问题的答案。注意不要陷入细节的讨论，先确定核心流程和重大分支流程，过于细微的分支在这一阶段可以暂时忽略。由产品经理主导，团队成员一起从获取到的信息中精练出短语或短句作为流程图的节点，并进行补充、质疑，进而完成优化。

在业务流程图中，可以灵活选择是否加入泳道。

4.2.2 实战案例

 狄老师，有没有实战案例让我们学习呢？

 接下来，我们围绕一款自建外卖产品，分别带领大家制作产品经理在工作中需要输出的各种成果，首先来制作外卖产品的业务流程图。

假定有一家全国连锁的餐饮品牌，请我们为其开发一个外卖平台，该品牌下的所有直营和加盟门店都会入驻，消费者使用小程序点餐后，进行配送。

> 后续章节的实战案例均围绕这款"自建外卖平台"进行。注意，假定的业务场景和产品设计仅供读者学习使用，与互联网上常用的各种外卖 App 是有区别的，请读者不要照搬。尽管同类型的产品会有很多相似的功能，但在不同的场景下会有逻辑的差异性，所以请读者不要过于纠结假定的业务细节，只要案例的内容和制作思路能够指导实际工作，就达到了目的。

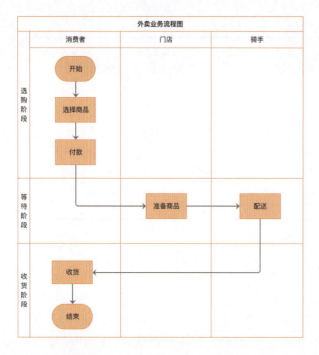

先抛开软件系统，从现实中的场景去思考，绘制业务流程图。

（1）点外卖业务的起点和终点分别是什么？

从"选择商品"开始，到"收到商品"结束。

（2）点外卖的过程涉及哪些角色？

消费者、门店、骑手。

（3）每个角色涉及的事务有哪些？

①消费者：选择商品、付款、收货。

②门店：准备商品。

③骑手：配送。

把这些事务按照发生的顺序连接起来，并把整条业务线划分成选购阶段、等待阶段、收货阶段。

（4）讨论、整理，对已经列举出来的事务进行调整。

①通过讨论发现，点外卖应该先从"确定点菜门店"开始，必须先确定点哪家门店的外卖，然后才能"选择商品"。

②骑手应该先"接受任务"，才能"配送"。

③客户提出，在开发外卖平台后，要把顾客的评价展示出来，所以业务的终点应该修改为"评价"。

（5）确定事物之间的排序，绘制业务流程图。

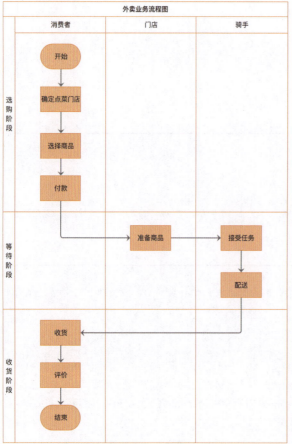

> **张同学**：狄老师，我把上一小节的"堂食点餐"和本小节的"外卖"业务流程图对比起来看，发现一个问题："堂食点餐"中的"开台""关台""提交菜品"与"外卖"中的"评价"都是软件功能，并不是现实场景中的说法，为什么"外卖"业务流程图中可以保留"评价"呢？

> **狄老师**：首先，你的说法并不准确，"评价"在现实场景中也是有这个说法的，只不过在没有软件平台之前，很难有一个评价的显示和传播载体，所以你会错误地认为"评价"只是软件功能。其次，在绘制业务流程图时先从现实场景思考，是为了避免过度纠结细节，并不是完全不考虑软件系统，从现实场景思考完后，还要继续思考当有了软件系统后，有哪些业务模块是可以补充上去的。还是以"评价"举例，在传统的订餐模式中，根本没办法把顾客评价展示出来，顾客点餐时也无法广泛参考，商家也没办法利用评价进行营销，而有了外卖系统之后，就可以解决这个问题，所以"评价"作为一个重要的模块是需要放到业务流程图中的。而"开台""关台""提交菜品"是软件系统为了完成某个业务模块而进行的具体操作步骤，应该放到下一小节要讲的"任务流程图"中。

4.3 任务流程图

团队成员，尤其是开发人员和测试人员，主要参照任务流程图理解产品的业务细节，从使用者的角度了解如何操作执行。

▶ 4.3.1 基础知识

任务流程图是用来描述产品业务的具体执行步骤，比业务流程图表现得更加细致，一般是从软件层面描述行为和操作，详细画出正常流程和每一条异常流程，主要使用对象是产品经理、开发人员和测试人员。一个软件产品可能需要不止一张任务流程图。

任务流程图的主要元素包括用户行为、系统行为、条件判断、流程走向，其中用户行为、系统行为使用矩形节点表示，一般采用"动宾短语"命名，例如，加入购物车、提交订单、确认收货。

接下来参照堂食点餐业务流程图，绘制任务流程图。

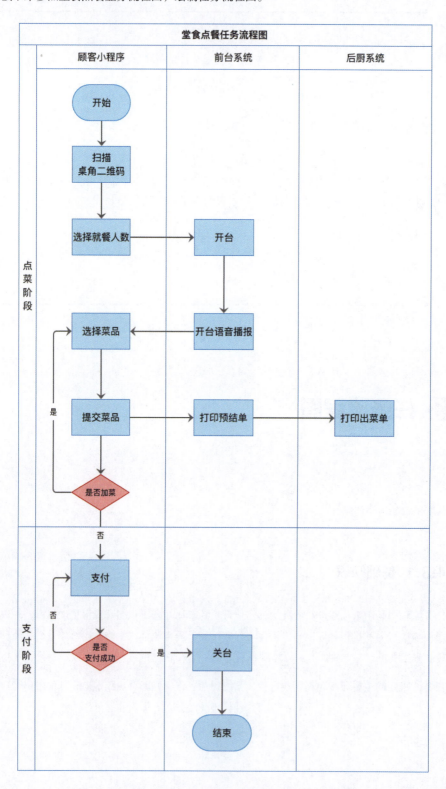

> 在绘制任务流程图时,有一点需要注意:要尽量避免任务流程图中混入"页面维度"。例如,"确认订单页"是一个页面,不应该出现在任务流程图中,这个页面上的"核实订单信息""填写备注"等用户行为才可以作为任务节点。
>
>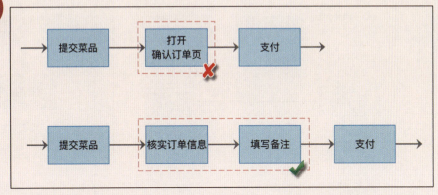

张同学 为什么呢?

> 因为此时还没有涉及软件页面的设计,页面是功能和用户行为的载体,一个页面可以承载多个功能,允许多种行为,与我们所说的"任务"不在一个维度上,下一小节会专门从页面维度去绘制流程图。
> 如果以后你的业务技能变得非常熟练,可以将学习的若干个环节合并在一起思考,甚至在接到一个产品设计任务时,你的脑海中能够立刻浮现出产品的功能框架和页面架构,但作为初学者,还是需要按部就班地去理解、分析,形成不同阶段的输出产物。

绘制任务流程图时,先绘制正常流程,颗粒度可以由大到小逐步完善。为了清晰地表现每个角色要执行的步骤,任务流程图中一般会加入泳道。正常流程绘制完成后,在每一个任务节点上检查是否会有流程分支,分支可能是异常流程,也可能是在其他条件下正常的执行步骤。

▶ 4.3.2 实战案例

下面参照之前画好的外卖业务流程图,绘制任务流程图。

(1)任务流程图是从软件的角度完成任务,所以把已经划分的角色"消费者""门店"和"骑手"修改为"消费者小程序""门店 App"和"骑手 App",并保留泳道。

(2)把业务流程图中的每个节点进行细化,绘制正常流程需要执行的步骤。

①确定点菜门店：消费者如果想点外卖，门店必须处于营业状态，软件系统如何知道门店营业了呢？就需要在门店 App 中把门店状态设置为"营业"。消费者在使用小程序之前，需要先登录，然后根据当前地理位置，获取最近的、正在营业的、在配送范围内的门店。

②选择商品：在最近的门店中，浏览商品的详情介绍，把需要的商品加入购物车。

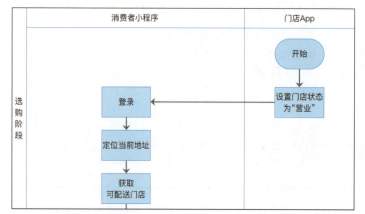 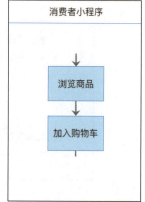

③付款：商品选择完成后，选择收货地址，选择优惠券，确认所选的商品，提交订单，进行支付，支付成功后通知商家，并生成送餐验证码给消费者。

④制作商品：商家接单后，开始制作商品（线下操作，流程图中无须展现）。

⑤配送：骑手接单后，开始配送。

⑥收货：骑手把货物送达后，向消费者询问送餐验证码，准确输入后，系统判定配送完成。

⑦评价：消费者进行评价。

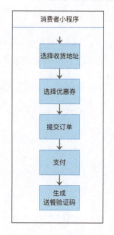 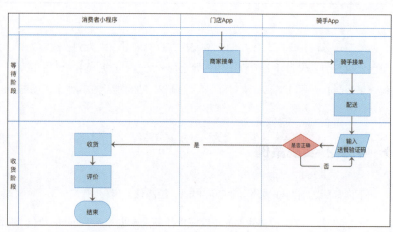

（3）检查每个任务节点是否会有流程分支，并且要保证每个流程分支能够形成闭环，或者有流程的出口。

①消费者登录小程序后，如果当前用户已经添加了收货地址，则选择最近的收货地址匹配门店；如果用户没有添加收货地址，则直接使用当前定位匹配门店。

②提交订单之前，需要再次校验当前收货地址是否在配送范围内。因为用户可能在提交订单之前，把收货地址改成了在配送范围之外的地址，要避免这样的逻辑漏洞。

③唤起支付后，如果支付失败，在 15 分钟之内允许继续支付，超时则取消订单。

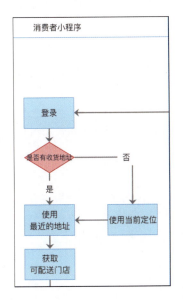
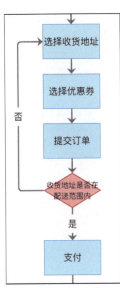
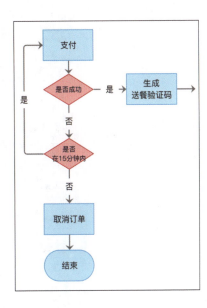

张同学：狄老师，什么叫流程的闭环和流程的出口呢？

狄老师：简单来说，新的流程分支通常遵循如下两种情况。

情况一：使用循环结构，当符合某种条件时跳出循环，回到主流程中。例如，当唤起支付但支付失败时，如果 15 分钟内支付成功，则可以回到主流程中继续执行。

情况二：在执行完某个流程节点后直接结束。例如，支付失败后超出 15 分钟仍然未支付成功时，取消订单，本次购买流程直接结束。

（4）如果业务比较复杂，可以逐步缩小节点的颗粒度，不求一步到位。完整的外卖任务流程图如下。

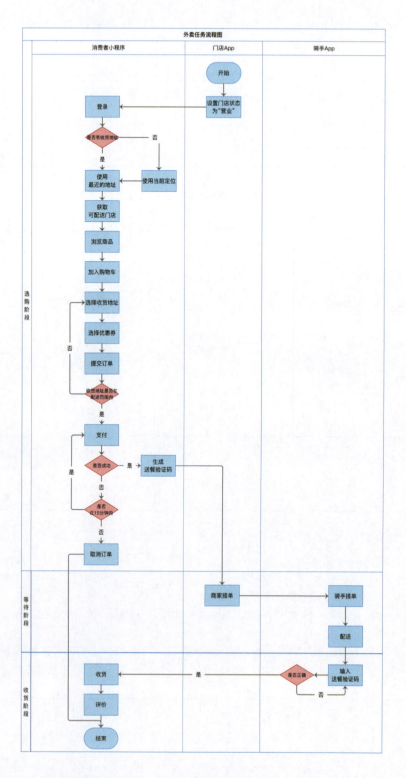

4.4 页面流程图

使用页面流程图，可以让表现层的逻辑更加清晰，有助于提升界面原型设计的效率，减少漏洞，以用户的视角检验页面跳转的合理性，快速发现问题。

▶ 4.4.1 基础知识

页面流程图用来表示页面之间的联系，用户通过触发不同的操作进入对应的页面。表现形式有两种，分别对应两种不同的使用场景。

第一种表现形式是把页面核心元素以短语的形式在矩形框中进行描述，无须绘制具体的页面，然后把矩形节点通过箭头进行连接。绘制这种页面流程图一般是在业务流程设计之后、界面原型设计之前，为界面原型梳理一个大纲，保证任务节点都能够通过页面反馈给用户。

有些操作不会跳转到本产品的实际页面，例如，发短信、发邮件、跳转到其他App、打开外部网页等，也需要在页面流程图中体现出来。

除新页面外，对已有页面进行优化时，要把在页面中新增加的元素在矩形中进行重点标注，并注明哪些页面是新页面，哪些页面是已有页面。

下面展示的是"堂食点餐"消费者小程序的页面流程图。

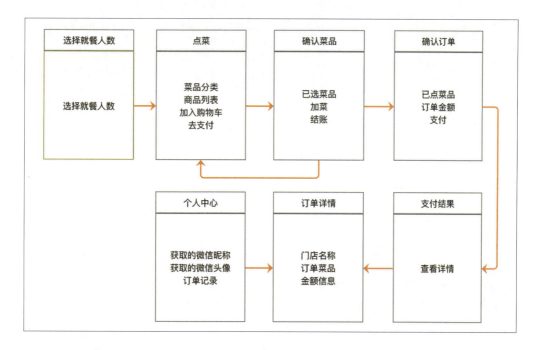

第二种表现形式是把界面原型缩略图通过箭头连接起来，同样在箭头上标注"操作或条件"。通常情况下，如果操作是"单击"，则可以不写。绘制这种页面流程图需要在界面原型绘制完成后，从宏观上为开发工程师和 UI 设计师展示页面之间的跳转关系，直观地展示有多少个页面，需要哪些后端逻辑做支撑，工作量有多少，避免出现遗漏。

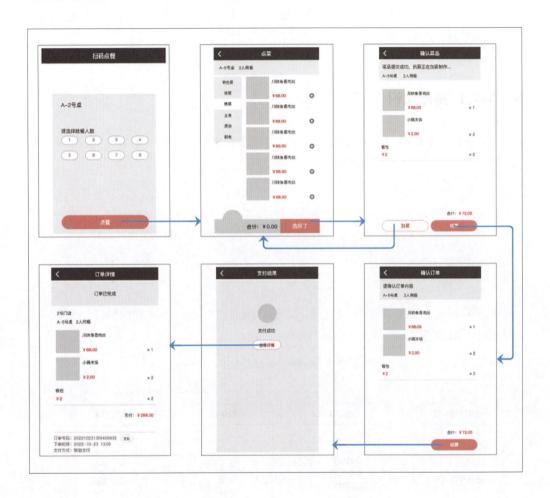

张同学　狄老师，在绘制第二种"原型缩略图"式的页面流程图时，感觉有一点麻烦，原型缩略图如何形成呢？

狄老师　不要着急，借助绘图工具，可以非常方便地生成原型缩略图，不需要重复制作，在后面的 4.5 节中会为大家介绍。

4.4.2 实战案例

下面参照之前画好的外卖任务流程图,绘制"消费者小程序"的页面流程图。

(1)确定点菜门店时,一般为小程序的"首页",展示用户的位置信息、门店列表。

(2)选择商品时,需要有"门店详情页",里面展示门店信息、商品信息、购物车已选商品、加入购物车功能、去结算功能。

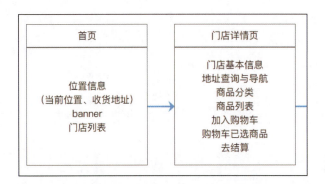

(3)付款时,需要"确认订单页",让用户确认已选商品信息、收货信息、价格信息等,页面中要有支付按钮用于唤起支付。支付成功后要跳转到"订单详情页",显示订单的状态进度,同时把送餐验证码通过短信的形式发送给用户。支付失败后也要跳转到"订单详情页",但核心内容为倒计时和继续支付按钮。

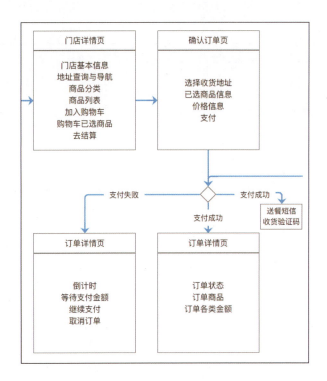

（4）支付成功后，不同订单状态下"订单详情页"显示的业务按钮有一定的区别。

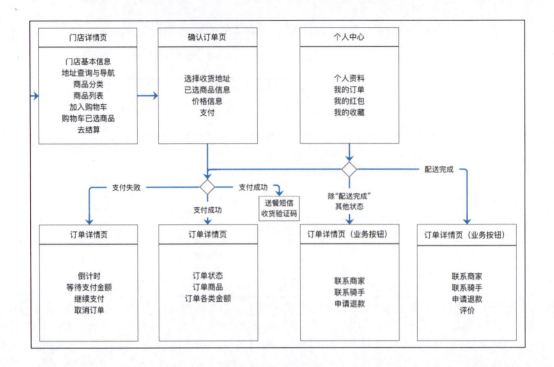

（5）当配送完成后，需要在"评价页"给本订单进行打分、撰写图文评价。

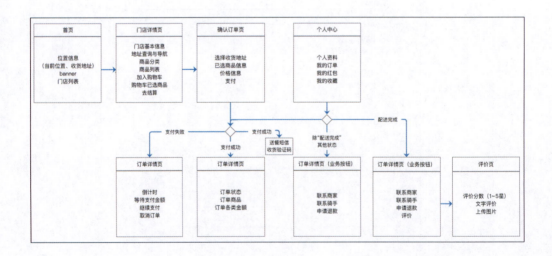

请读者按照上述思路自行绘制"门店 App"和"骑手 App"的页面流程图。

张同学：狄老师，如果有多个终端、多种角色，还需要像业务流程图那样绘制"泳道"吗？

狄老师：页面流程图一般只是表示页面表现层的逻辑，而不同终端、不同角色之间其实是通过后端逻辑进行关联的，所以页面流程图中一般不需要绘制"泳道"，各终端、各角色之间在页面流中通常也没有直接交集。

4.5 流程图绘图工具

流程图的绘制工具有很多，使用纸笔就可以完成，但在工作中需要进行成果留痕、成员之间的交流，因此通常使用绘图软件，笔者推荐的流程图绘图软件有 Axure RP、Visio、ProcessOn、亿图等。Axure RP 和 Visio 是客户端软件，ProcessOn 和亿图可以在线编辑、在线分享、实时更新。

▶ 4.5.1 使用 Axure RP 绘制普通流程图

各种绘图软件的操作思路大体一致，本书以 Axure RP 为例，首先介绍绘制普通流程图的操作思路。行业中常用的是 Axure RP8/9 版本，书中使用的是 Axure RP9 版本。

张同学：狄老师，Axure RP 是一款什么样的软件呢？使用它绘制流程图有什么优势吗？

狄老师：Axure RP 本身主打界面原型设计，可以制作 Web 和 App 的交互式原型，同时也可以绘制流程图。它可以把流程图中的节点直接链接到相关的页面中，项目成员在浏览时，可以把流程图和原型图相结合，更好地理解业务需求，同时也不需要反复切换软件窗口，非常方便。

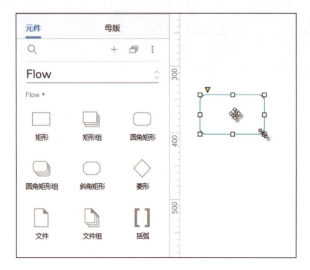

（1）绘图软件中会内置各类图表需要使用的基础形状，在 Axure RP 中，形状以元件库的形式展示。在 Flow 元件库中，有流程图常用的形状，把它拖入软件的画布中即可使用，拖动形状四周和四角的定位点，可以改变形状的尺寸；在形状内部拖曳鼠标可以改变位置。

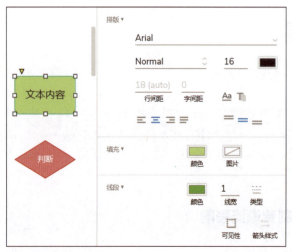

（2）单击画布中的形状，可以在工具栏或右侧的样式面板中设置字体样式、形状样式。双击画布中的形状，可以编辑其中的文字。

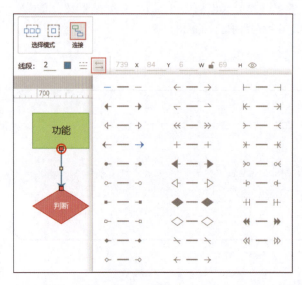

（3）把流程图中的节点编辑完成后，在 Axure RP 的工具栏中把鼠标的"选择模式"改为"连接"，然后鼠标指针接近画布中的形状，形状四周出现连接点时，拖曳鼠标指针连接两个形状。在一个 Axure RP 项目中首次使用此功能时，如果连接线为"线"而不是"箭头"，只需要在工具栏中修改箭头模式即可。

（4）双击连接箭头，可以在箭头上编辑文字。

（5）可以使用矩形来绘制流程图中的"泳道"。如果各个形状之间出现了不该出现的"覆盖"效果，则可以在工具栏中使用"顶层""底层"来调节形状之间的层级关系，也可以在形状的右键菜单中，使用"顺序→上移一层/下移一层"命令。

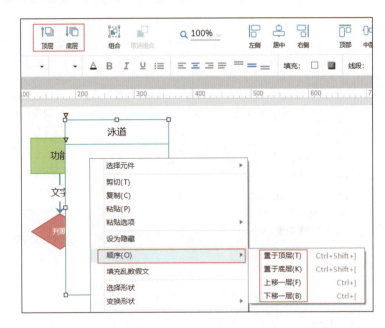

（6）如果想实现"点击流程图中的某个节点，跳转到某个原型页面"的效果，需要先选中该节点，在右侧的交互面板中单击"单击时 -> 打开链接"按钮，然后选择目标页面。设置完成后，单击工具栏中的"预览"按钮，或者按键盘上的 F5 键，即可在浏览器中查看跳转效果。

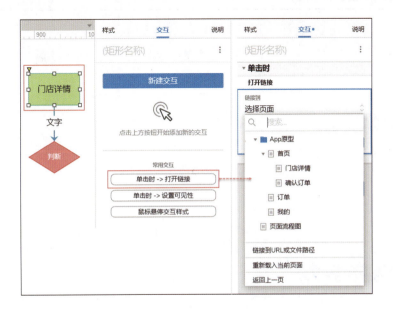

（7）Axure RP 项目文件的后缀名为 .rp，必须安装软件才能查看，为了解决这个问题，可以把项目文件发布到官方 Axure 云平台（Axure Cloud）。

①先在 Axure 云平台（Axure Cloud）的官网中注册账号，并在 Axure RP 软件中登录。

②选择菜单栏中的"发布→发布到 Axure 云"命令，打开"发布项目"对话框，输入项目名称、选择项目在 Axure 云服务器的保存位置、设置共享链接的密码（选填），可根据需要勾选是否允许评论，勾选后可以直接在分享链接中发表评论。单击"发布"按钮，在 Axure RP 工作区下方会显示发布进度，发布成功后，将显示共享链接，浏览者直接通过浏览器访问该链接即可查看。

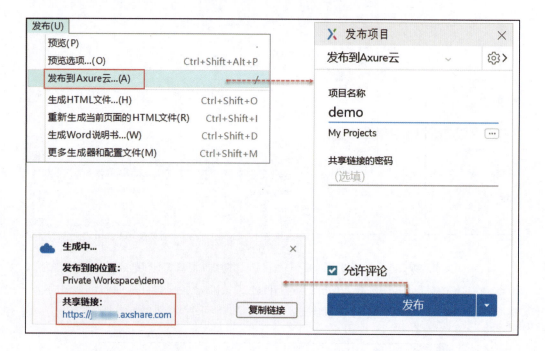

③当修改文件内容后，选择菜单栏中的"发布→发布到 Axure 云"命令，打开"发布项目"对话框，此时对话框中会显示上次发布的项目路径和分享链接，点击"更新"按钮，即可提交变更，原来的分享链接不变。

（8）官方 Axure 云平台的访问速度可能不稳定，也可以使用蓝湖、Axhub 等平台进行发布。

4.5.2 使用 Axure RP 绘制页面流程图

本小节重点介绍"原型缩略图"式的页面流程图，Axure RP 软件有得天独厚的优势，当使用 Axure RP 设计完界面原型后，再使用 Axure RP 中的"快照"元件，可以直接关联显示原型页面的缩略图，当原型页面发生变更时，"快照"中的缩略图会同步更新。

（1）切换到 Flow 元件库，把"快照"元件拖入画布中，按照上一小节的方法调整位置和尺寸。

（2）双击画布中的"快照"，打开"引用页面"对话框，双击某个页面名称，即可将该页面的缩略图显示到快照中（即引用该页面）。

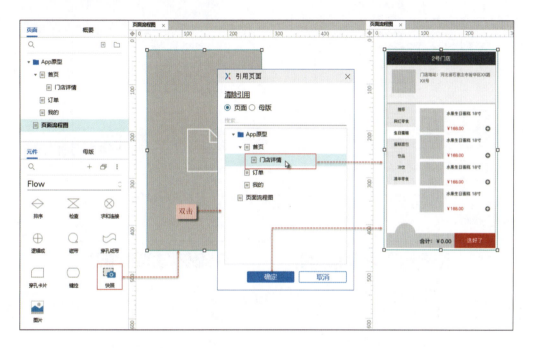

（3）单击画布中的快照，在"样式"功能区中可以设置适应比例、缩放比例、缩略图在快照内部的坐标、快照内部填充边距等参数。

（4）在快照的右键菜单中选择"编辑连接点"命令，可以添加连接点、删除连接点、修改连接点的位置。连接点的位置不仅可以在快照的边界上，也可以在快照内部，这样可以实现从缩略图的某个按钮连接到其他页面缩略图的效果。

（5）在工具栏中把鼠标的"选择模式"改为"连接"，在编辑后的连接点上把多个"快照"用箭头连接。

（6）单击工具栏中的"预览"按钮，或者按键盘上的 F5 键在浏览器中查看，单击"快照"中的缩略图，即可直接跳转到对应的原型页面，非常方便。绘制完成后，按照 4.5.1 小节中的方法进行发布，供浏览者查看。

结构图：为设计做好充分准备

本章按照功能结构图、信息结构图和产品结构图的顺序进行讲解，逐步由准备工作向产品设计进行过渡，为后面的产品详细化设计打好基础。学完本章内容，读者将掌握产品经理必备的三种结构图的绘制方法，学会独立思考，把前面的知识融会贯通。

| 学习目标 |

了解绘制结构图的意义

掌握功能结构图的绘制方法

掌握信息结构图的绘制方法

掌握产品结构图的绘制方法

掌握使用 XMind 绘制结构图的操作方法

5.1 功能结构图

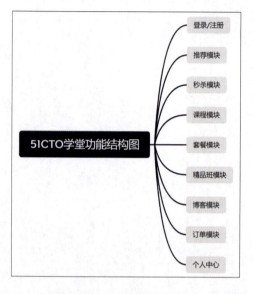

功能结构图可以理解为一种图形版的产品功能清单,把产品功能通过组织化的形式进行展示。不仅是产品经理和技术人员,很多非专业人士也可以通过功能结构图对产品有一个宏观的认知。

▶ 5.1.1 基础知识

功能结构图就是把产品功能按照从属关系,逐级拆分成若干层级的子功能,形成图表。图表中的根节点一般为产品名称,从根节点产生的分支中,每个节点都是一个功能模块或功能点。以51CTO学堂 App 为例,它的一级功能模块整理如左。

接下来把其中的"课程模块"和"个人中心"展开示意,梳理详细的功能点。

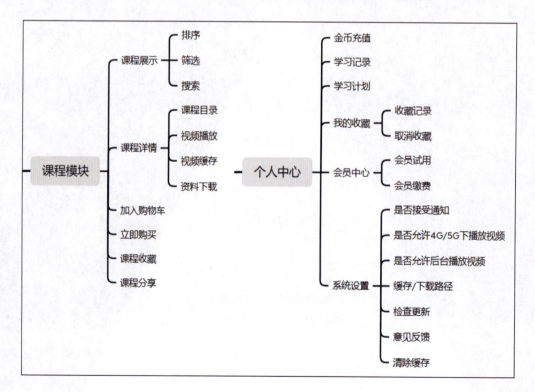

注意，功能结构图的重点是梳理产品功能的内部组织关系，不要混入具体的字段，例如，名称、原价、售价等，这些内容是下一小节将要学习的"信息结构图"中的内容。

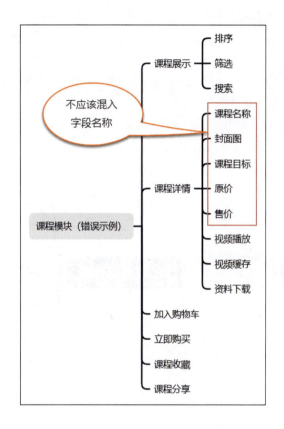

1. 作用

功能结构图有如下重要作用。

（1）功能结构图主要在界面原型设计之前进行绘制，帮助产品经理思考产品的各项功能，尽可能确保功能模块可以覆盖所有的业务场景，为下一步产品架构设计、绘制界面原型、撰写 PRD 文档做好准备。在完成界面原型设计后，检查事先绘制的功能结构图是否需要修改，然后插入 PRD 文档中。

（2）对其他竞品的功能结构进行拆解，与我们的产品进行对比参考。也可以对已有产品的功能结构进行整理，用于分析、反思、复盘。

（3）帮助团队成员快速对产品功能有一个整体的认识，对粗略估算开发和测试工期是一个重要的参考。

2. 绘制技巧

一级功能模块的数量不宜太多，一般以 4~9 个为宜。一级功能模块的划分并不一定和 App 底部标签的数量或网页菜单的数量一致。App 底部标签考虑到视觉效果和交互体验，数量一般不超过 5 个。例如，微信 App 有 4 个底部标签，包括微信（即聊天模块）、通讯录、发现、我（即个人中心），但"发现"标签下明显还有朋友圈、视频号、小程序等比较重要的功能，这些功能也可以视为一级功能模块。所以，App 产品的一级功能模块的数量一般会大于等于底部标签的数量。而电脑端网页在视觉设计上由于没有空间压力，它的菜单分布一般只需要考虑功能和数据的类型，其一级菜单数量和产品的一级功能模块没有强关联。

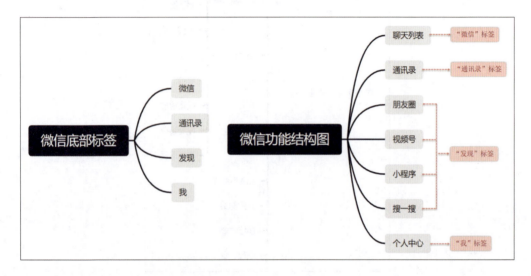

可以按照不同的产品终端或使用者的角色进行功能的规划。根据笔者的经验，先规划前台用户的功能，再梳理需要哪些后台功能做支持。例如，前台有查看商品的功能，后台就需要商品管理的功能。需要格外留意的是，除满足基础业务需求的功能外，不要遗漏关于统计、监控、日志、数据导出等功能，这些是管理者和运营者经常关注的功能。

如果产品拥有 App、小程序、公众号等多个使用终端，则需要注意每个终端功能的取舍问题。

>
> **张同学**：狄老师，如何取舍不同终端的功能呢？
>
>
> **狄老师**：一般是从开发成本的角度考虑，大多数情况下，小程序和公众号的功能相对于 App 来说会做一定的简化，小程序和公众号只开发基础功能，用户想要体验完整功能或高级服务时，要下载 App，这也是一种为 App 引流的手段，但容易影响用户体验，而且容易受到小程序官方平台的限制。所以，要从开发成本、项目周期、用户体验、运营策略等多维度进行权衡。

▶ 5.1.2 实战案例

接下来绘制外卖产品的功能结构图。

（1）功能结构图的根节点为"自建连锁品牌外卖系统功能结构图"，然后按照终端添加其子节点为"消费者小程序""门店 App""后台"和"骑手 App"。

（2）先来规划"消费者小程序"的功能。一级功能模块划分为"注册登录模块""位置信息模块""门店模块""购物车模块""订单模块"和"个人中心模块"。

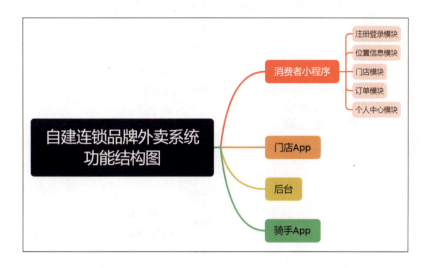

> **张同学**：狄老师，我也使用过某些品牌的外卖小程序，在使用的过程中并没有感知有注册账号和登录的过程，为什么要把"注册登录模块"作为一级功能模块呢？

> **狄老师**：为了提升用户体验，简化用户的操作步骤，很多小程序在设计时都没有使用传统的账号注册方式，也摒弃了输入用户名和密码登录的方式。以我们经常使用的微信小程序为例，它会给每个用户在每个提供服务的小程序下生成一个唯一标识（即 OpenId），当用户打开小程序后，会静默获取用户这个唯一标识，并使用这个唯一标识来区分不同用户在系统中的业务数据，这个标识就可以理解为用户的账号，且不对外暴露，所以这个过程用户是没有明显感知的，但本质上是在"注册"或"登录"。例如，在微信小程序 A 中生成的唯一标识是"A0001"，在微信小程序 B 中生成的唯一标识是"B0001"，这些标识是微信自动生成的，用户也不知道自己在小程序中的唯一标识是什么。
>
> 当然，有一些小程序的业务需求中需要使用传统的登录方式，例如，使用手机号登录，可以让同一个用户的 App 和小程序中的数据保持一致。例如，某电商产品，当每个终端都绑定手机号后，App 中的购物车数据、订单数据等能够与小程序中保持一致。

（3）将每个一级功能模块继续拆分，得到如下功能结构图。

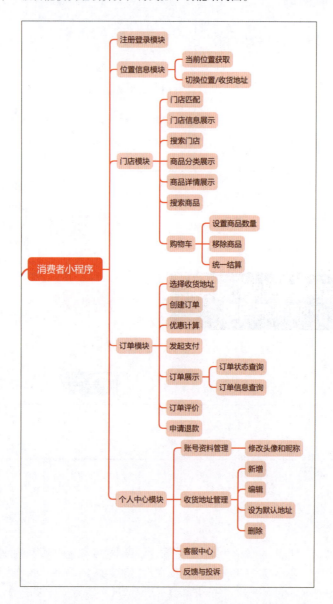

张同学：狄老师，为什么要把"购物车"作为"门店模块"的子功能呢？

狄老师：在常规的电商 App 中，购物车经常显示在最明显的位置上，通过上面的学习，我们了解到一级功能模块的划分并不是完全和 App 底部标签保持一致。在这个自建外卖系统中，几乎没有跨店铺结算的场景，购物车只是属于某一家门店的，所以把"购物车"作为"门店模块"的子功能。

（4）"消费者小程序"的功能梳理完成后，依据这些功能，思考需要哪些门店 App 或后台功能做支持。

消费者小程序功能	需要其他终端做哪些功能支持	
	门店 App 功能	后台功能
门店信息展示		门店管理
商品详情展示	商品管理	商品管理
订单状态查询	接单	
	推送订单	
	消息提醒	
	订单管理	订单管理
申请退款	退款管理	退款管理
优惠计算	优惠活动管理	
申请发票		发票开具

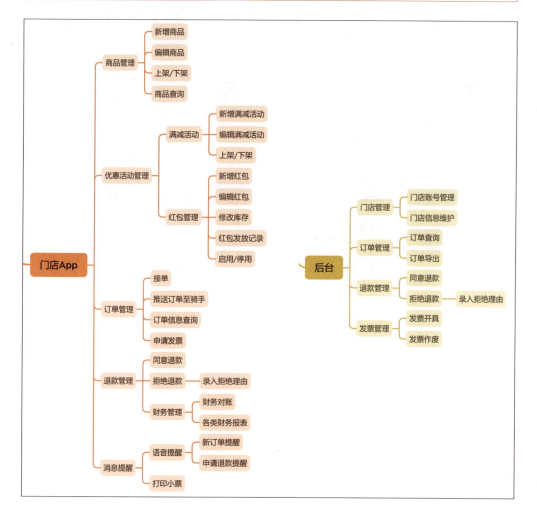

（5）接着梳理"门店App"和"后台"自身需要的业务功能。作为运营者和管理者，需要分配不同权限的账号，需要查看销售数据和运营数据等。作为财务人员，需要有准确的财务对账和各类财务报表，依据这些内容继续完善功能结构图。

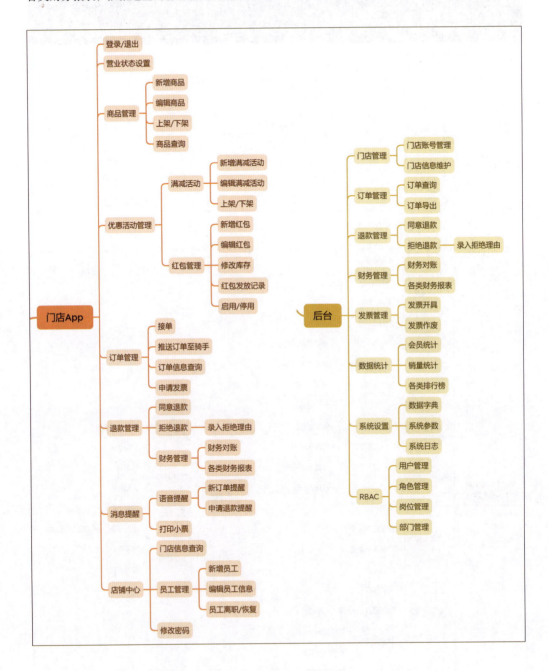

（6）请读者自行完善"骑手App"的功能结构图。

5.2 信息结构图

软件产品本质上是存储和传递信息的，信息结构图就是从信息维度对产品进行描述，是一种对产品经理和技术人员都有帮助的图表。

▶ 5.2.1 基础知识

信息结构图是将产品涉及的信息数据抽象出来，并进行归类整理后形成结构化的图表，可以简单理解为某个对象的具体业务字段。例如，用户资料包含昵称、性别、手机号、电子邮箱、头像等字段。信息结构图的绘制通常在绘制功能结构图之后。下面以 51CTO 学堂 App 为例，需要整理信息的对象如右。

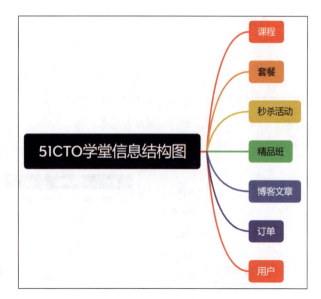

由于篇幅原因，接下来把"秒杀活动"和"博客文章"对象的信息展开示意，梳理详细的业务字段。

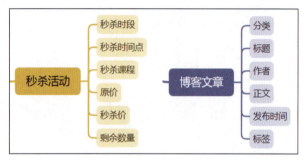

信息结构图与页面是没有关系的，例如，在课程列表和课程详情页中都会展示课程名称、价格、学习人数等，但在信息结构图中是不需要按页面分开写的，只需要把"课程"这个对象的所有信息整理到一起即可。

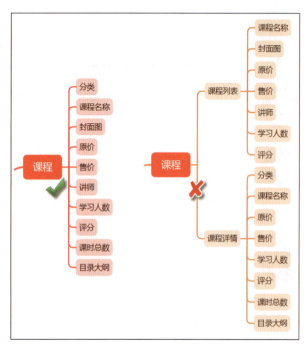

1. 作用

信息结构图有如下重要作用。

（1）由于信息与页面是没有关系的，而同一个对象的信息可能会展示在不同的页面中，在设计界面原型时就有可能造成信息遗漏。提前梳理信息结构，尽可能把每个对象需要的业务信息整理完整，在设计界面原型时就可以对照着信息结构图，从中挑选每个页面中需要的信息即可，方便高效，避免遗漏。

（2）帮助开发人员设计数据库结构。如果开发人员只拿到了界面原型和 PRD 文档，那么就需要他们自己从中分析需要设计哪些数据表，每张表中需要哪些字段，而有了信息结构图，可以对他们的工作起到辅助作用。

> 狄老师：需要注意的是，信息结构图只是在客观上能够对开发人员起到一定的辅助作用，并不是它的核心意义，产品经理不要被这一点所局限。
>
> 张同学：为什么这么说呢？
>
> 狄老师：信息结构图无法表达每个对象之间的关系，"实体关系图"可以更好地解决这一问题，会在第 7 章中进行学习。另外，信息结构图和数据库结构并不是完全对应的。例如，售价、原价、折扣（打几折）这三个信息是可以全部写在信息结构图中的，而在数据库中，一定有"原价"字段，但"售价"和"折扣"只需要取其中的一个字段存储即可，因为通过原价和售价可以计算出折扣，通过原价和折扣也可以计算出售价。数据库中究竟存储哪个字段还要具体结合原型的功能设计，这就更加说明信息结构图只是对数据库设计起参考作用，二者并不一致。

2. 绘制技巧

以功能结构图为参考，把每个功能涉及的对象抽离出来，然后梳理对象的信息，除展示出来的信息外，更重要的是背后支持功能逻辑的信息。例如，51CTO 学堂 App 会根据用户的偏好和购买行为推荐课程，其实就是给用户打标签，所以"用户"除大家都能想到的信息外，还需要有"用户标签"，同时"课程"除表面上展示的信息外，也需要对应的"课程标签"进行匹配。

一个对象的附属信息可能数量会很多，可以把这些信息进一步归类，这样能让思路更加清晰，同时也提升了信息结构的可读性。例如，把 51CTO 学堂 App 中的套餐信息进一步整理为套餐基本信息、关联课程信息。

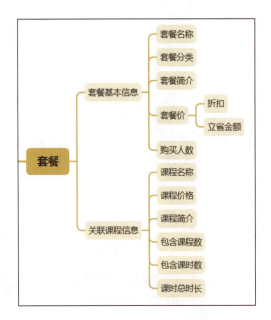

5.2.2 实战案例

接下来绘制外卖产品的信息结构图。

（1）信息结构图的根节点为"自建连锁品牌外卖系统信息结构图"，然后参考之前绘制完成的功能结构图，把涉及的对象抽离出来，包括"门店""商品""订单""退款单""账单""评价""优惠""发票"和"用户"。

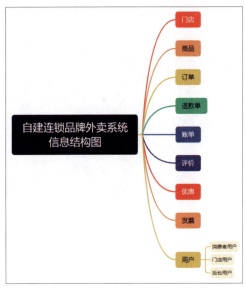

> **张同学**：狄老师，为什么不能像功能结构图那样，按"消费者小程序""门店 App""后台"和"骑手 App"分别整理呢？

> **狄老师**：因为信息结构图与页面是没有关系的，自然不能按使用终端去整理。

（2）为每个对象梳理表现层的信息，此处以"门店"和"订单"为例，得到如下信息结构图。其中，"订单"中的信息较多，可以进行归类整理。

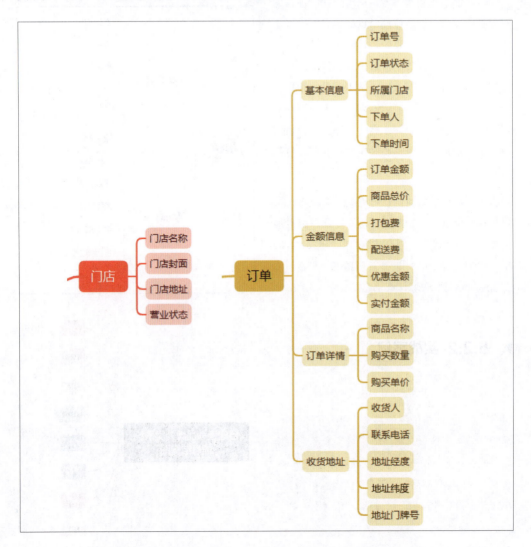

（3）检查是否有"隐藏信息"。系统需要根据用户的位置匹配在配送范围内的门店，用户还可能需要直接查看其在地图上的位置，所以"门店"的地址信息中要加上"经度"和"纬度"，才能计算出用户位置与门店之间的距离。

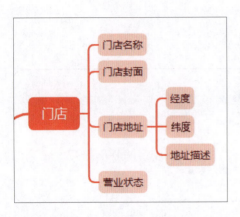

张同学　狄老师，订单、账单字面上的意思非常相似，它们有什么区别吗？

凡是涉及支付的软件系统，都离不开订单和账单，这里做一个简单的科普。

简单来说，订单是描述此次交易的实时情况、最新情况，它的数据是可以随时变化的。例如，订单的状态可以随着业务的进行而改变，包括"待支付→待接单→已接单→配送中→已完成"等，当订单发生全额退款时，订单中的"优惠金额"和"实付金额"也会变成0，订单状态会发生变化。

订单

订单号	订单金额	优惠金额	实付金额	状态	下单时间
10001	110.00	10.00	100.00	已完成	2022-5-1 15:00

发生退款时，在原订单记录上直接修改

订单号	订单金额	优惠金额	实付金额	状态	下单时间
10001	110.00	0.00	0.00	已退款	2022-5-1 15:00

账单是记录某一时刻的财务流水，一旦生成，里面的数据是不会发生变化的。例如，5月1日用户支付了一笔100元的订单，同时会生成一条100元的入账记录（账单金额为100元）。第二天（5月2日）用户把这笔订单全额退款，又会生成一条100元的出账记录（账单金额为-100元），而第一天生成的入账记录是不会变化的，这里的入账记录和出账记录就是账单。如果5月2日又收入一笔30元的订单，则生成一条30元的入账记录（账单金额为30元）。此时，如果看5月1日的经营情况，相当于有100元的收入，如果看5月2日的经营情况，入账出账相抵后，不仅没有收入，反而支出了70元，如果看5月1日~5月2日的经营情况，相当于收入30元。

订单

订单号	订单金额	优惠金额	实付金额	状态	下单时间
10001	110.00	10.00	100.00	已退款	2022-5-1 15:00
10002	30.00	0.00	30.00	已完成	2022-5-2 18:00

账单

账单号	关联订单号	账单金额	类型	状态	账单时间
in0001	10001	100.00	收入	成功	2022-5-1 15:00
out0001	10001	-100.00	支出	成功	2022-5-2 10:20
in0002	10002	30.00	收入	成功	2022-5-2 18:00

5月1日财务统计	5月2日财务统计	5月1日~5月2日财务统计
100.00元	-70.00元	30.00元

（4）请读者自行完善剩余部分的信息结构图。

5.3 产品结构图

前面两种结构图都是从业务的角度进行梳理，而产品结构图真正涉及了产品设计，可以视为设计界面原型之前的最后一项准备工作。

▶ 5.3.1 基础知识

产品结构图是将功能结构图与信息结构图进行结合，把界面原型以结构化的方式展示出来的一种图表，是比界面原型更为低成本的一种展示方式。

因为产品结构图可以看作是界面原型的简化版，所以可以开始构思页面的大体框架，以页面为基础，把功能和信息加以融合。以51CTO学堂App为例，使用其5个底部标签作为产品结构图的一级节点。其主要页面结构如下。

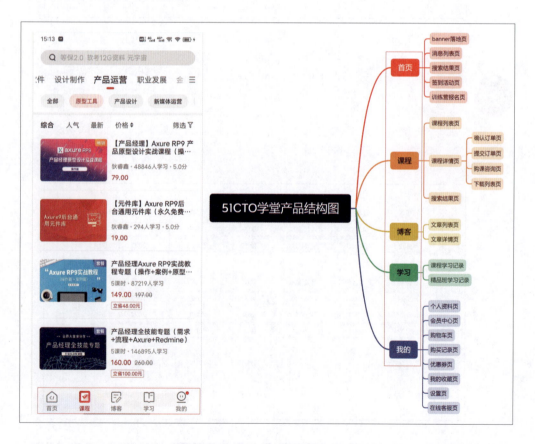

接下来把"课程详情页"中承载的功能和信息进行梳理。

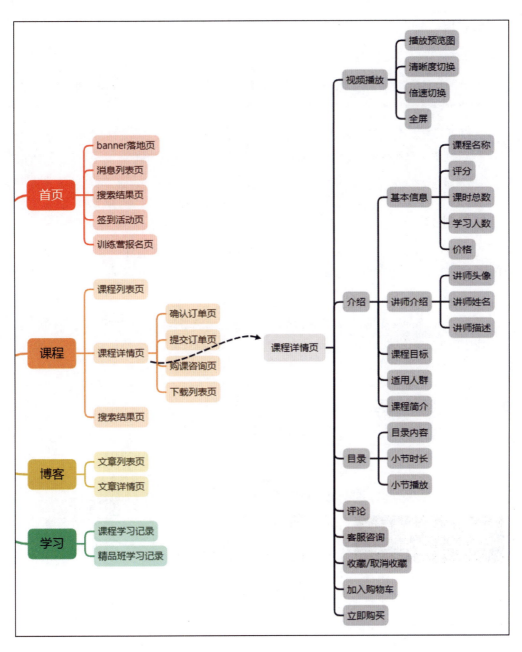

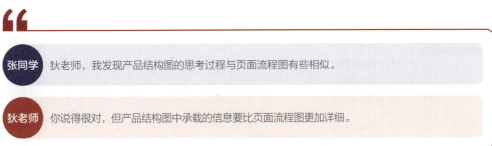

1. 作用

产品结构图有如下重要作用。

（1）在项目前期、产品雏形的阶段，作为界面原型的替代品，可以随时快速地进行修改，以更加低廉的成本完成评审与沟通。

（2）指导界面原型的设计与制作，避免在设计界面原型时出现思路不清晰的情况，提升原型输出的效率。同时，产品经理也可以对原型设计的工作量有一个大概的估算。

（3）在没有界面原型之前，可以帮助开发人员和测试人员预估工作周期。

2. 绘制技巧

在绘制产品结构图时，不必过度拘泥于绘图规范，只要将产品的功能和重要信息以一种非常自然的方式以结构化的形式描述出来即可。

产品结构图一般以页面节点为基础，然后延伸该页面上的功能和信息。对于一些重要的、功能和信息量比较多的页面节点，可以单独添加自由节点，或者对该节点的样式进行特殊处理、重点标注。

▶ 5.3.2 实战案例

接下来绘制外卖产品的产品结构图。

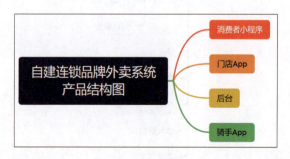

（1）产品结构图的根节点为"自建连锁品牌外卖系统产品结构图"，然后按照终端添加其子节点为"消费者小程序""门店 App""后台"和"骑手 App"。

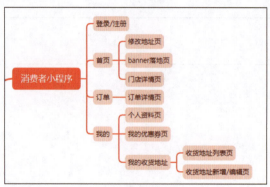

（2）先来规划"消费者小程序"的页面结构。对于小程序、移动端 App、移动端 H5 来说，一级页面一般就是它们的底部标签，此处划分为"首页""订单""我的"，注意不要忘了"登录/注册"。然后梳理每个一级页面的子页面。

（3）梳理每个页面上的重要信息和功能点，为其添加子节点。以"首页"为例，首页本质上是作为附近门店的选择入口，它要根据当前位置或选择的收货地址匹配最近的门店，门店要展示门店名称、营业状态、门店位置、距离信息。另外，一些营销活动会以 banner 的形式进行展示。

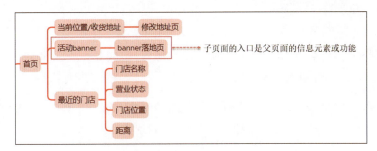

（4）继续按上面的思路进行整理。为了让图表更清晰，提升可读性，可以单独把某些子页面作为独立节点使用，并与上级元素通过箭头建立"联系"。

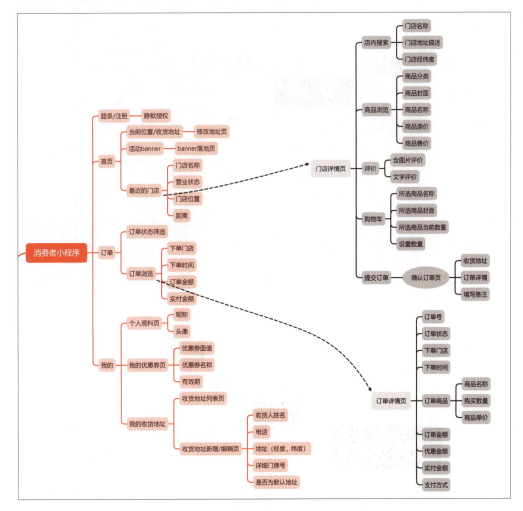

（5）请读者自行完善"门店 App""后台"和"骑手 App"的产品结构图。

5.4 结构图绘图工具

各类结构图一般使用思维导图的方式进行绘制，常用的软件工具有 XMind、ProcessOn、亿图等。XMind 是一款客户端软件，ProcessOn 和亿图可以在线编辑、在线分享、实时更新，它们的使用方法基本类似，本节以 XMind 为例进行介绍。

（1）新建一个 XMind 文件后，图形结构默认是向两侧展开的，可以选中根节点（中心节点），在样式面板中设置它的结构，也可以设置字体、线条、背景颜色等样式。

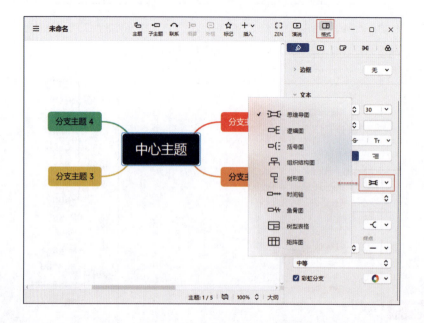

（2）双击图形节点编辑文字，按 Tab 键添加子节点，按 Enter 键添加同级节点，拖曳节点可以改变顺序和层级，也可以在某个节点的右键菜单中进行上述操作。

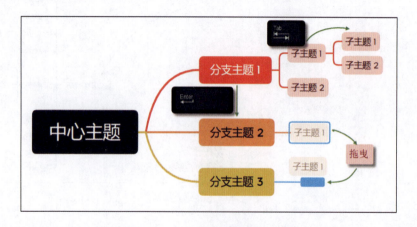

（3）单击选中某个节点后，可以在工具栏的"标记"按钮中设置节点的图标。

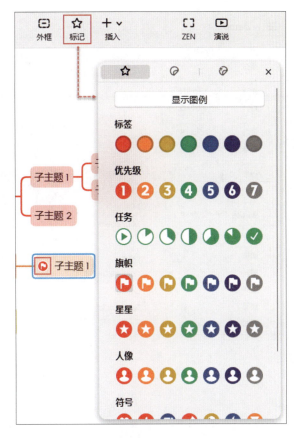

（4）双击画布的空白处，可以添加一个自由节点。自由节点也可以继续添加子节点。

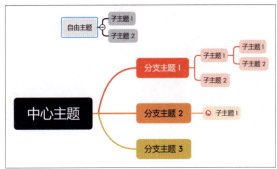

（5）单击工具栏中的"联系"按钮，然后依次单击两个节点，可以给这两个节点建立联系，并通过连接线上的两个操作手柄修改其路径，双击连接线可以修改文字。

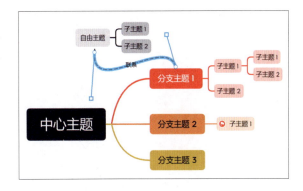

（6）按住鼠标右键进行拖曳可以移动画布，按住 Ctrl 键的同时滚动鼠标滚轮，可以对画布进行缩放。

（7）XMind 项目文件的后缀名为 .xmind，必须安装软件才能查看，一般我们会把它导出为图片格式进行分享或嵌入其他文档中。单击左上角的菜单按钮，选择"导出"命令，可以导出为常用的图片格式和文档格式。

产品界面原型设计

本章先介绍绘制界面原型的重要意义,然后介绍界面原型的尺寸规范和典型组件的设计细节,最后介绍界面原型的设计原则。学完本章内容,读者将了解如何根据不同的使用场景选择不同保真度的界面原型,掌握如何在产品的功能细节处提升用户体验,学会如何利用界面原型降低团队的沟通成本,养成以用户为中心设计产品的思维方式。

| 学习目标 |

了解界面原型的作用、保真度与使用场景
了解电脑端和移动端界面原型的尺寸规范
掌握典型组件的常见设计细节
掌握界面原型的常用设计原则

6.1 初识界面原型

界面原型是把抽象的想法和需求转换为直观表达产品设计框架的模型，可以体现产品的设计理念、业务逻辑、功能交互和视觉样式，是产品经理、交互设计师与项目负责人、技术工程师、老板、客户沟通的最好工具。

▶ 6.1.1 为什么要绘制界面原型

狄老师：先思考在开发一款 App 或网站时，如何把需求清晰地表达出来？如何与客户、用户、老板进行沟通确认？如何让开发工程师、测试工程师、设计师准确无误地理解需求并做到可执行、可落地？

张同学：之前狄老师多次提到过界面原型，在字里行间我也对它有了一定的了解，使用界面原型可以非常方便地与各方人员进行沟通。

狄老师：说得非常好，在学习界面原型之前，我们先来简单了解一下用其他方式进行需求沟通的弊端，这样你对界面原型的重要作用就会有更深的理解。

口头交流是最方便直接的一种需求沟通方式，但不能形成档案记录，交流过后很容易遗忘，不方便后期查阅、管理和工作交接。每个人的语言表达能力和理解能力是有差异的，因此容易出现表述不清和理解偏差的问题。

用文档的形式记录想法和创意，供大家传阅，这种方法的好处是可以让所有的内容都留有痕迹，但缺点也比较明显。需求分析是一个从宏观到微观、从模糊到具体的过程，要把抽象的想法具体化，变成一个个可操作的功能，开发团队才能够理解，而单纯地依靠文字描述并不容易做到这一点。文档不够直观，缺乏对细节的把握；文字描述会存在二义性，容易出现理解偏差；冗长的内容也让人没有读下去的耐心。另外，对于一些"项目型"的软件，需要与甲方客户进行功能的确认，仅仅依靠文档很难获得有价值的反馈。

通过前面的学习，我们了解到"产品结构图"是最接近产品设计的一项产物，但它同样缺乏细节展示，缺乏对交互的示意，虽然可以勾勒出产品的轮廓，但依然很难指导开发、测试和视觉设计工作。

只要直接把页面画出来，开发团队不就可以很直观地理解软件需要做成什么样子了吗？但在项目前期，不需要把页面设计得非常漂亮，因为在需求分析阶段，页面上的内容可能会反复变动，产品经理要做的只是用草图勾勒出页面的大体框架即可，这个草图就是界面原型。通过界面原型，与所有的项目干系人进行沟通。

▶ 6.1.2 原型的保真度与使用场景

按照界面原型在页面交互和视觉样式上与真实产品的相似程度，把界面原型划分为低保真原型和高保真原型，原型的保真度越高，越接近真实产品。

1. 低保真原型

低保真原型又称为线框图，在视觉样式方面，只需把页面上的各种文本、按钮和表单等组件进行简单排列即可，不要过度关注样式问题，例如，组件之间的距离、尺寸和颜色等，这样可以降低原型的制作成本。在交互动作方面，一般只需做出页面跳转链接、弹出层等基础效果，也可以使用箭头把原型缩略图连接起来，形成页面流程图。

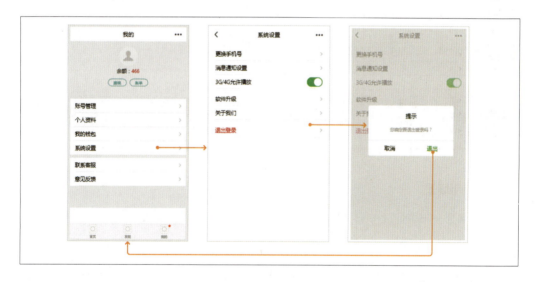

张同学：狄老师，除成本考虑外，为什么要使用低保真原型呢？

狄老师：如果界面原型中进行了过多的样式修饰，会干扰产品经理对业务和功能逻辑的思考，会限制 UI 设计师的思路。虽然产品经理要有一定的设计素养，但要充分信任专业设计师的能力。

2. 高保真原型

　　高保真原型会尽可能贴近真实产品的视觉样式和交互动作。在视觉样式方面，界面原型与视觉设计稿保持高度一致。在交互动作方面，要制作出详细的交互效果，例如，不同状态下显示的内容、页面切换方式和异常流程的处理等。

> **张同学**：狄老师，必须制作完整的交互动作和页面样式才算高保真原型吗？
>
> **狄老师**：其实，界面原型的保真程度并没有明显的界限，有些场景需要尽可能制作完整的交互动作和页面样式，而有时只需要加上一些必要的交互动作即可，接下来请看界面原型的使用场景。

3. 使用场景

不同场景、不同的项目阶段，界面原型的用途也不同，所需的界面原型保真程度也不同。

（1）场景一：记录和讨论最原始的想法。

多适用于新产品的需求讨论和规划设想阶段，此时没有必要对界面原型精雕细琢，只需要低保真原型即可，甚至可以不使用软件工具，直接使用纸笔绘制。

（2）场景二：确认需求。

通过对市场调研、运营数据的分析，产品经理团队会得出一些新需求，此为内部需求。除此之外，用户在使用产品后会提出意见反馈，市场运营人员为解决自己在工作中遇到的产品问题而提出要求，"项目型"软件要满足客户提出的定制化需求，这些都被称为外部需求。面对外部需求，要通过界面原型与提出需求的人员进行确认，既要保证产品经理理解的需求和提出的原始需求是一致的，也要保证设计的原型方案能够解决他们遇到的问题，确认无误后再进入开发排期。

要根据确认对象的不同，制作不同保真度的原型。对于产品的终端用户，需要使用高保真原型进行用户测试（交互动作和视觉样式均满足高保真的要求）；对于市场运营等内部人员，无须关注原型的视觉样式，交互效果的制作程度可视情况而定，只要能够清晰表达功能逻辑即可；对于为项目买单的客户，如有条件，最好也使用高保真原型（交互动作和视觉样式均满足高保真的要求），能更好地体现团队的专业性，提升团队形象。

（3）场景三：产品需求评审。

正式开发之前，要在团队内部进行需求评审，使用界面原型和产品需求文档（PRD 文档）向研发团队讲解产品功能，通过团队的力量检查设计的功能是否可行、逻辑是否有漏洞，低保真原型即可满足要求。

（4）场景四：产品演示、培训。

有时需要给投资人演示产品，给用户做产品培训，但真实产品没有开发完成，没有稳定版本可用，此时可以使用高保真原型代替真实产品（交互动作和视觉样式均满足高保真的要求）。因为完善原型的保真度相比开发工作来说，时间成本要低得多，可以解燃眉之急。

6.1.3 关于绘图工具

本小节推荐几款常用的界面原型绘图工具，由于涉及的操作技能比较多，本书不做具体的介绍。

1.Axure RP

Axure RP 是一款非常经典且专业的界面原型绘图工具，它的应用非常广泛，可以快速创建移动端和电脑端的线框图、可交互原型，尤其擅长高保真交互效果的制作，并可以撰写各种形式的产品需求文档，形成完整的产品设计方案。支持多人协作和版本管理，支持 Windows 和 macOS 两种操作系统。推荐使用 Axure RP8 或 Axure RP9 版本，注意低版本软件无法打开高版本软件编辑的项目。

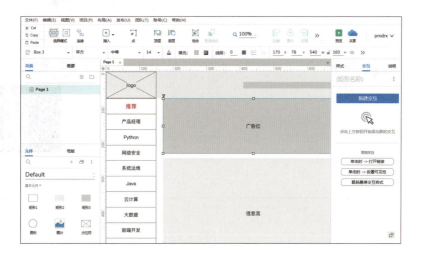

如果读者想要学习更为详细的 Axure RP9 教程，可以学习狄老师的另一本出版图书《Axure RP9 产品经理就业技能实战教程》（人民邮电出版社），或者在 51CTO 学堂官网搜索狄老师的个人主页搜索关键词"狄睿鑫"，学习相关的视频课程。

2. 墨刀、MasterGo

墨刀和 MasterGo 都是近些年发展起来的互联网在线设计工具，在浏览器和客户端中都可以使用，支持本地私有化部署，为保密性高的团队提供解决方案。墨刀和 MasterGo 支持制作静态原型和简单的交互制作，平台提供了丰富的组件库和其他设计资源，可以非常方便地快速搭建页面。在多人协作时，不需要手动获取、提交变更，能够实时获取最新版本。这两种工具模糊了原型与设计稿之间的界限，除产品经理外，也受到了很多设计师的青睐。

6.2 界面原型尺寸规范

页面的尺寸规范通常是 UI 设计中提到的内容，因为真实产品运行设备的分辨率是不一样的，而设计师只能输出一种分辨率的静态效果图，所以需要根据开发人员的适配难度选取一种页面尺寸作为基准视图。不仅是页面效果图的整体尺寸，页面中的图标、按钮等组件的尺寸也要遵循设计规范。

界面原型也需要遵循一定的尺寸规范，确保产品经理设计的内容可以在页面上完整美观地显示出来，避免出现极端的数据情况，或者在原型中展示效果正常，但在设计稿和真实页面中出现问题的情况。例如，后台管理系统的列表中设置了很多字段（很多列），但没有考虑页面宽度，也没有根据真实的数据类型设置列宽，导致开发人员还原真实页面时，列表显示效果非常不美观。

界面原型：整体看效果比较正常									
序号	订单号	商品详情	订单金额	实收金额	收货地址	下单用户	状态	创建时间	操作
1	12345	详情描述描述XX	99.00	99.00	姓名电话地址	手机号	待发货	2022-09-13	详情
2	12345	详情描述描述XX	99.00	99.00	姓名电话地址	手机号	待发货	2022-09-13	详情
3	12345	详情描述描述XX	99.00	99.00	姓名电话地址	手机号	待发货	2022-09-13	详情

真实页面：效果不美观									
序号	订单号	商品详情	订单金额	实收金额	收货地址	下单用户	状态	创建时间	操作
1	2022091309 53093891	正装西装商务西装套装 *1 商务皮鞋黑色 *1	3550.00	3050.00	张三 136****1111 河北省石家庄市裕华区XX大街99号	136****1111	待发货	2022-09-13 09:53:09	详情
	空间狭小		空间过大		空间狭小				空间过大
2	2022091309 53093891	正装西装商务西装套装 *1 商务皮鞋黑色 *1	3550.00	3050.00	张三 136****1111 河北省石家庄市裕华区XX大街99号	136****1111	已发货	2020-09-13 09:41:25	详情
3	2022091309 53093891	正装西装商务西装套装 *1 商务皮鞋黑色 *1	3550.00	3050.00	张三 136****1111 河北省石家庄市裕华区XX大街99号	136****1111	交易完成	2020-09-12 16:13:36	详情

▶ 6.2.1 电脑端尺寸规范

现在电脑的屏幕分辨率和尺寸越来越大，电脑端原型的空间非常富裕，在排版上几乎不会受到页面尺寸的困扰，但原型不是在屏幕上铺得越满越好。对于展示型、宣传类型的网站，如华为官网上的产品介绍页面，是可以做成全屏展示的，显得非常大气。但对于大多数内容型、信息流网站来说，页面宽度过大会造成浏览的不适，用户需要不停转动眼睛或头部，体验很差。一般把页面宽度设置成 960 像素、1000 像素、1024 像素、1200 像素，且居中显示，这样网页的有效信息都集中在屏幕中央，浏览信息时是最舒服的。

对于后台管理系统的页面，也需要自适应宽度，即需要横向铺满屏幕。它的特点是页面中的列表很多，列表的列数（即字段数）有多有少，此时原型中的页面宽度一般会设置为 1440~1600 像素。在这个宽度下确保列表中填满数据时的展示效果是舒服的，那么在横向宽度大于 1600 像素的屏幕分辨率下也基本不会出现问题，而横向宽度小于 1440 像素的屏幕越来越少见，一般情况下可以不做过多的兼容。

张同学　狄老师，自适应的效果怎么实现呢？

狄老师　可以使用 Axure RP9 中的自适应视图来实现，但大多数情况下，很少需要制作响应式原型。

▶ 6.2.2 移动端尺寸规范

在移动端页面的效果图设计中，UI 设计师一般采用 iOS 设备作为基准规范，所以界面原型的设计也遵循这一习惯。笔者推荐的原型设计工具 Axure RP9 中，提供了部分 iOS 设备和安卓设备的预设尺寸，但软件中标注的尺寸（逻辑分辨率）和真实设备的物理分辨率是不一样的。例如，iPhone 8 的原型尺寸为 375×667 像素（逻辑分辨率），但真实的物理分辨率为 750×1334 像素。

张同学　狄老师，逻辑分辨率和物理分辨率为什么会不一致呢？

狄老师　这是因为不同设备屏幕的像素密度不同。电脑和早期的移动设备，屏幕像素密度低，逻辑分辨率一般等于物理分辨率。但现在的移动设备屏幕分辨率越来越高，而屏幕尺寸并没有成比例增加，逻辑分辨率可能不等于物理分辨率。

iPhone 8 的逻辑分辨率正好是物理分辨率的 1/2，方便计算，所以在 Axure RP9 中设计移动端原型时一般选择 iPhone 8，页面各区域的尺寸规范如下。

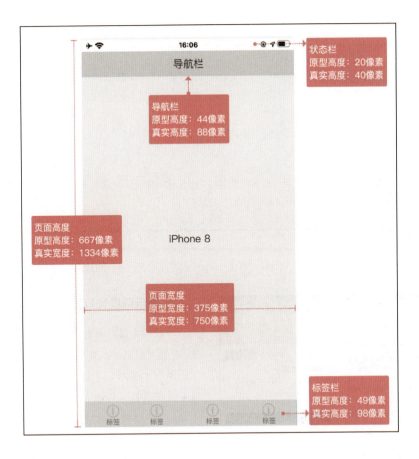

6.3 典型组件的常见设计

虽然每款产品的功能都不一样，但页面的组成元素却是大同小异的。本节从界面原型的角度，从产品设计方面介绍一些典型组件的常见设计。

6.3.1 顶部导航栏设计

App 导航栏是页面中必不可少的部分，位置在 App 的顶部，层级在最顶层，用于指引用户操作，连接父子页面，让用户明确当前页面在整个产品中的位置，也承载了一些关键功能的快速入口。顶部导航栏是固定在页面顶部的，不随着页面的滚动而移动。下面介绍顶部导航栏的设计细节。

> **狄老师**：有些人把导航栏叫作"标题栏",这是不准确的叫法。
>
> **张同学**：为什么呢?App 顶部确实会显示页面的标题啊。
>
> **狄老师**：因为除标题外,导航栏还可以显示其他组件,但无论怎样设计,其本质上是起到了为用户指引去往产品其他页面的作用,所以叫作"导航栏"。

顶部导航栏左侧和右侧一般为图标或按钮,而中部可以发挥的空间比较大。

1. 显示标题和互动

导航栏中显示标题是最简单、最基础的用法,标题可以是静态数据(固定的文字),例如,"订单""我的""App 的名称"。标题也可以是动态数据,并加入互动按钮,例如,资讯类 App 文章详情页的导航栏显示该文章的作者,并且可以添加跳转链接,点击文章作者后可以跳转到作者的主页,或者关注作者等。

2. 显示搜索框

当搜索功能比较重要时,以搜索文本框的方式占据顶部导航栏的主体位置。文本框除作为搜索的入口外,还可以显示"搜索推荐""猜你想搜"等内容,丰富页面功能。

3. 显示分类标签栏

当产品内容非常丰富、功能模块较多时,可以在顶部导航栏中放置分类标签或分段显示标签,作为页面的二级菜单(一级菜单可以理解为 App 底部标签)。当标签数量较多时,可以水平滑动。

4. 操作按钮承载重要功能

一级页面的顶部导航栏左侧可以设计为品牌LOGO、用户头像（即个人中心入口）、抽屉菜单入口等，而次级页面的左侧一般为返回按钮。

右侧操作按钮的数量一般为1~2个，文字按钮或图标按钮均可。当功能入口数量较多时，可以"更多"的方式展示。

5. 隐藏顶部导航栏或动态改变高度

有一些页面中是没有顶部导航栏的，这些页面需要给用户沉浸式的体验，例如，电商App的商品详情页顶部直接显示商品的宣传视频或图片，顶部区域和页面主体部分融为一体。又如，地图App在导航状态下，为了尽可能多地显示地图信息，隐藏了顶部导航栏。

可以根据内容的多少适当提升顶部导航栏的高度，但当页面发生滚动时，可以隐藏导航栏中的部分元素，减小高度，留出更多的空间展示页面的主体内容。

6. 小程序中的顶部导航栏

无论是哪个平台的小程序，其右上角一般都是平台的原生功能，不能自定义。例如，微信小程序右上角的按钮称为"胶囊按钮"，这里面的功能是不能修改的，胶囊按钮也不能隐藏。除胶囊按钮外的地方可以自定义。

这里对小程序次级页面的"返回"功能做一些特殊的说明。当用户直接打开小程序首页，进入次级页面后，有正常的返回功能，但有很多场景是用户把小程序的某个次级页面分享出去，当其他用户直接打开该次级页面时，页面左上角显示的是"返回首页"按钮，因为这种情况下，该页面是没有上级页面的，用户需要有一个途径离开当前页面，前往其他页面。

6.3.2 底部标签栏设计

App 标签栏常驻在一级页面的最底部,不随着页面的滚动而移动。其用于显示 App 中最重要且频繁操作的功能入口,可以理解为"一级菜单"。下面介绍底部标签栏的设计细节。

> **张同学**:狄老师,只有一级页面的底部才有标签栏吗?
>
> **狄老师**:大多数 App 只在一级页面的底部使用标签栏,而对于一些功能特别复杂的 App,只在一级页面使用标签栏已经不能满足其复杂的页面逻辑了,例如,美团 App 的"外卖"模块、"美团优选"模块等,这些模块分别独立做成 App 也不为过,所以它们就分别使用了专供于模块内部的底部标签栏。

1. 标签数量 3~5 个为宜

5.1.1 小节讲到，产品的一级功能模块可能有很多，要从中选取操作最频繁的 3~5 个功能模块放到标签栏中，这样从视觉感受上是最舒服的，不会觉得很空旷，也不会觉得很拥挤，每个标签都有最适合的可点击区域，避免用户误操作。

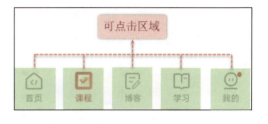

标签数量小于 3 个时，可以考虑使用顶部分段切换栏的方式。标签数量超过 5 个时，评估重要程度，把剩余的功能入口放到产品的其他位置，也可以在最后一个标签上使用"更多"效果，把剩余的标签折叠起来。

2. 舵式标签突出重点

在底部标签栏的中间位置放置一个突出的标签，形似船上的舵，故被称为舵式标签。有的舵式标签点击后直接进入功能页面，有的舵式标签点击后还可以展开二级标签，但与上面说的"更多"标签不同的是，舵式标签展开后是小功能点的入口，而"更多"标签下是一级功能模块的入口。

3. 标签的含义要简单明了

可以使用纯文字、纯图标及文字与图标相结合的方式作为标签。无论采取何种设计方式，都必须让用户非常容易理解每个标签的含义。

采用纯文字标签的 App，例如，短视频 App，它们要让用户专注于产品提供的内容和信息本身，减少图形元素对用户的影响，标签字数一般为 1~2 个。

采用纯图标标签的 App 在国内使用得比较少，因为涉及图标辨识度的问题，所以要使用通用的、大家都认可其含义的图标，例如，首页⌂、视频▷、我之、搜索Ｑ，让用户不需要花费时间去理解就可以明白它的作用。这类产品一般在某个圈子内有着很高的普及率，目标用户群体一般为年轻人，这类用户甚至能够凭借图标的位置记忆就完成使用。

国内大多数 App 是采用文字与图标相结合的底部标签。因为有了文字的提示，不需要过多担心图标辨识度的问题，图标就有了更大的设计空间。

4. 结合运营活动动态设置标签栏

随着产品运营活动越来越丰富，标签栏不再是固定的图标或文字样式，而是可以配合运营活动，根据后台的配置动态展示图标或文字、配置标签的显示与隐藏、配置标签跳转至不同的活动落地页等。

▶ 6.3.3 表单设计

表单可以用来获取用户输入的数据，是软件系统与用户进行数据交互最常见的形式。当然，在界面原型中，是不会直接传输和存储数据的。我们要掌握的是如何根据不同的使用场景来选择合适的表单，这样才能让产品具有良好的易用性，提升用户体验。

张同学　狄老师，为什么有人说"好的表单设计会留住更多的用户"呢？

狄老师　软件系统本质上是对数据的处理，而表单是用户与系统数据沟通的桥梁，如果表单设计得不合理，用户在与系统"沟通"时就会很烦琐，久而久之就会放弃这款产品。

1. 文本框和文本域

文本框允许用户自主输入一行数据，文本域允许用户自主输入多行数据。当对用户输入的数据格式没有限制时，可以根据字数的多少来选择使用文本框或文本域。除这一点外，二者需要注意的设计细节基本相同，为了方便描述，后文统一使用"文本框"描述，下面介绍其设计细节。

（1）配合文本标签。

文本标签起到引导、说明的作用，所以要简短，尽量使用名词，让用户快速明确文本框需要填写的内容是什么，例如，"姓名""手机号""商品名称"

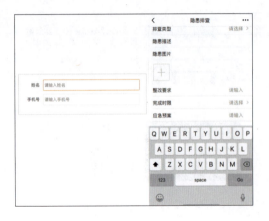

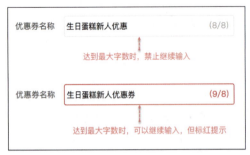

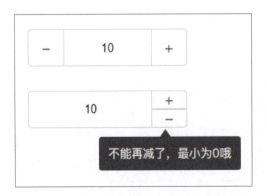

等。不要加入修饰词，不要使用短句，例如，"请输入商品名称"，这种短句适合放到文本框内部作为提示文字，当文本框中被输入内容后，提示文字消失。

（2）关于自动获取焦点。

在电脑端的录入表单页面，如果页面中的第一个表单为文本框，一般自动将该文本框设置为焦点文本框。而移动端 App 一般不会自动获取焦点，因为移动设备的屏幕比较小，一旦文本框获取焦点就会弹出键盘，屏幕上就会有大约一半的内容是键盘，会影响用户获取整体的页面信息。

（3）加入合理的限制规则。

合理限制输入长度，在文本框右侧加入实时字数提示，减少用户犯错的机会，同时也保证页面的显示效果。例如，某电商 App 的效果图中，优惠券名称在 App 中只有 8 个字的位置，所以后台管理页面中与之对应的文本框就需要限制在 8 个字之内，否则一旦用户输入的内容超过 8 个字，在 App 中就会错位或显示不完整。当用户的输入超出最大字数后，可以禁止用户继续输入，也可以允许用户继续输入，但边框和字数提示部分做标红处理，最后提交数据时进行拦截。

合理限制输入类型，例如，输入库存数量时，只能输入数字。

在移动端调用合理的键盘类型，例如，输入手机号、银行卡号时使用数字键盘，输入身份证号时使用带有数字和英文字母 X 的专用键盘等。

（4）校验提示。

在进行大量信息录入时，要对每个文本框中输入的内容进行校验，并给出正确或错误反馈。

（5）一键清除功能。

当在文本框中输入内容后，右侧会出现"一键清除"功能的小图标，这在搜索文本框中经常使用，因为考虑到在搜索数据时，会频繁地改变搜索关键词。

而在新增/编辑页面中，同一个文本框很少会有经常清空的场景，而且文本框右侧还可能会显示当前字数，所以"一键清除"功能在新增/编辑页面中很少使用。

（6）使用 Tab 键按顺序切换文本框焦点。

使用键盘上的 Tab 键可以快速切换焦点，注意应该按照页面上元件的顺序进行切换。

（7）适当的说明文字。

C 端产品一般没有过多的说明文字，如果用户每次填写信息都需要借助说明文字才能操作成功，说明产品设计是比较失败的。但这也不是绝对的，如果真的需要帮助或说明，建议不超过 3 行，也可以在旁边放置一个小图标，当用户触发它时才显示说明内容，让用户自己决定是否阅读。

对于 B 端产品，适当的帮助和说明信息是有必要的，因为 B 端产品本身业务流程就比较复杂，需要注意的操作细节也很多，当用户存在疑惑时，及时的提示信息有助于用户更好地完成工作。

除文本框/文本域外，接下来介绍的表单都有备选项可供选择，避免了手工输入可能出现的错误。

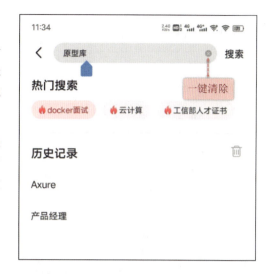

2. 单选按钮

当需要实现单选效果，且选项的数量不多时，一般使用单选按钮。单选按钮是用来设置或更改某项属性的，而不是用来执行命令的。换句话说，当用户选择了某个选项后，一般要点击"保存"按钮才能生效。

下面介绍单选按钮的设计细节。

（1）设置默认选项。

单选按钮一般会设置一个默认选项，如果有特殊的业务需求，例如，性别除"男""女"外，还可以设置"保密"或"未知"选项。

（2）扩大可点击区域。

单选按钮的文本内容也可作为可点击区域，这样无须精确定位到按钮部分即可成功选中，能够显著提升用户体验。

（3）移动端 App 使用图形或图标按钮代替原生单选按钮。

移动端 App 的页面空间小，容易误触，可以使用面积较大的图形或图标按钮，通过程序实现单选的效果，替代原生的单选按钮。或者把单选按钮与提交按钮的功能整合到一起，例如，话费充值时，点击某个金额后直接就会提交数据，进入充值流程。

3. 下拉列表框

原生的下拉列表框可以实现单选效果，而有些经过定制开发的组件也可以实现多选效果。当用户对即将要选择的内容有非常明确的预期，或者选项的数量比较多时，一般使用下拉列表框。例如，选择用户所在地区，用户对有哪些选项是有预期的，并且地区数量可能比较多，此时使用下拉列表框。

下面介绍下拉列表框的设计细节。

（1）提供模糊搜索功能。

当选项数量较多时，可以在下拉列表框中提供模糊搜索功能，快速定位所需选项。

（2）联动效果。

当选项的数量非常多且呈结构化时，可以尝试把选项按某种维度进行分类，形成多个联动下拉列表框，让用户按照一定的逻辑顺序定位所需选项。

（3）"请选择"与"全部"。

当在新增/编辑页面中使用下拉列表框时，第一个选项一般为"请选择……"，例如，"请选择分类""请选择门店"等。当下拉列表框作为筛选功能使用时，第一个选项一般为"全部"，例如，当筛选完"待发货"的订单数据后，还想查看所有状态的订单，则需要把选项切换为"全部"。

4. 复选框

复选框可以实现多选效果，选中后支持取消勾选。其使用原则、设计细节与单选按钮类似，不再赘述。此处只强调一点，要用肯定的文字作为文本标签。

文本框选中状态的样式一般是一个对勾图标，所以使用肯定的文字作为文本标签是符合正常思维的，例如，"我同意上述条款"。反之，如果使用否定文字，例如，"我不需要订阅"，肯定含义的对勾图标配合否定文字，容易产生歧义，给用户带来不便。

5. 日期时间选择器

日期时间选择器是文本框与其他选择器的结合体，当需要用户输入日期或时间格式的数据时，为减少错误，需要使用日期时间选择器。

下面介绍日期时间选择器的设计细节。

（1）根据实际业务情况设置默认值。

首先，不是所有的日期时间选择器都需要设置默认值，要根据实际的业务场景灵活设置。其次，如果需要设置默认值，也不是所有的默认值都是当天或当前时刻。例如，发布搜集表单时，默认允许填写的时段为8时~20时。

在进行大批量的数据查询时,为了减轻系统压力,有时候也会提供默认查询的起止时间段,例如,默认查询一个月内的数据。

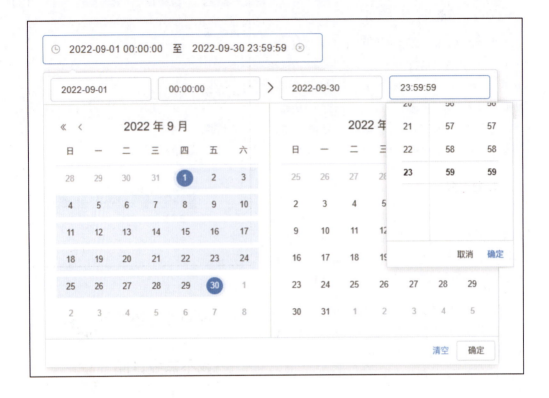

(2)选择适合的选择器精度。

如果业务需求只需要精确到日期,则可以把选择时间的部分隐藏,例如,选择出生日期不需要精确到时分秒。如果业务需求只需要查看月度数据,则只显示"年份-月份"的选择区域即可。

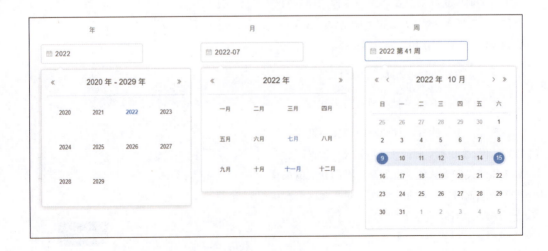

> **小贴士**
>
> 在进行数据筛选时，如果业务需求上只需要精确到日期，用户选择时只需要选择"年–月–日"，不需要选择"时–分–秒"，但这只是为了减少用户的操作，在系统真正查询时是需要查询到"秒"的。例如，查询2022年1月1日至2022年1月31日的数据，查询的开始时间是2022年1月1日0时0分0秒，结束时间是2022年1月31日23时59分59秒。这里需要重点提醒开发人员，否则开发人员容易把结束时间设定为2022年1月31日0时0分0秒，这样就会少1天的数据。

（3）快速选择按钮。

快速选择按钮更多的是针对筛选数据的场景，例如，"最近一周""最近一个月""最近三个月"等按钮，可以快速选择起止时间。

（4）特殊操作按钮。

可以加入"清空""今日""此刻"等特殊按钮，帮助用户快速完成对应的操作。

6. 开关

"开关"组件直接模仿现实世界中的开关，提供两个互斥选项，例如，打开与关闭、启用与禁用，样式直观，操作简单。当用户操作"开关"组件时，在大多数场景中会直接生效，例如，在App的系统设置页面中打开或关闭开关后，相关的设置会立即生效，不需要再点击"保存"按钮。

但如果"开关"组件与其他表单同时使用，一般还需要配合"保存"按钮。例如，添加/编辑员工页面中的"开关"组件仅仅代表员工的状态，必须点击"保存"按钮才能生效。

▶ 6.3.4 弹窗设计

弹窗是最常用的一种传递与反馈重要信息的方式,可以承载运营活动、消息提醒、确认操作、结果反馈等功能。按照是否需要用户对其进行处理,可以把弹窗分为模态弹窗和非模态弹窗。下面介绍弹窗的设计细节。

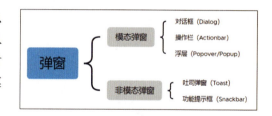

张同学:狄老师,上图中怎么每种弹窗还加入了英文名称呀?

狄老师:上面介绍的弹窗规范其实源于 iOS 和 Android 中的说法,中文名很难准确描述每种弹窗的形态特点,所以我给它们都备注了英文名,使用这些弹窗的英文名在后期更容易与开发人员交流。另外,在电脑端也有很多相同形态的弹窗,但在不同的前端框架下可能命名有所不同,所以此处统一使用 iOS 和 Android 的命名,在实战项目中,可以在实际使用的前端框架中进行对照。

1. 模态弹窗

模态弹窗会打断用户当前的操作,用户必须对弹窗进行处理才能继续进行操作。常见的模态弹窗有对话框(Dialog)、操作栏(Actionbar)和浮层(Popover/Popup)。

(1)对话框(Dialog)。

对话框(Dialog)在电脑端和移动端 App 中均有使用,一般由标题、信息内容和 1~2 个功能按钮组成,显示在屏幕的中间位置。当用户进行了影响较大的敏感操作,或者用户需要对接下来的操作进行选择时,可以使用对话框(Dialog)。不允许用户在对话框(Dialog)以外的地方关闭它,必须点击某个功能按钮后对话框(Dialog)才会消失,系统随即执行该功能操作,进入相应的功能流程。

对话框(Dialog)中也可以放置表单组件,进行信息录入。

对话框（Dialog）的标题和信息内容要做到简洁、没有歧义，也可以省略标题。当只有一个功能按钮时，也可以看作是警告框（Alerts），一般用于信息提醒或警示，目的是让用户仔细阅读内容，且内容非常重要必须打断用户当前的操作，否则请使用非模态弹窗。

App 中常见的营销活动也经常以对话框（Dialog）的形式展示，整个对话框区域都可以点击并链接到活动详情页，并配合"关闭"按钮使用。

（2）操作栏（Actionbar）。

操作栏（Actionbar）一般在移动端 App 中使用，显示在屏幕的底部，由多个功能按钮组成，按钮的形态可以是文字，也可以是图标与文字的结合。当用户需要在多种操作中选择时，可以选择操作栏（Actionbar），可以允许用户在操作栏（Actionbar）以外的地方关闭它。例如，App 中的"更多"操作、"分享"操作等。

（3）浮层（Popover/Popup）。

浮层（Popover/Popup）在电脑端和移动端 App 中均有使用，是用户点击某个组件后，在页面的某个区域弹出的一个有指向性的弹出层，可以展示页面上某个元素的更多信息。例如，订单列表中，鼠标滑过订单金额时展示它的详细组成部分。也可以是若干子功能的集合，例如，社交 App 中发布动态的功能集合。

2. 非模态弹窗

非模态弹窗不会影响用户当前的操作，大多数情况下弹窗会自动消失，也有少数需要用户手动关闭，但即便用户未关闭弹窗也不会干扰其他操作。常见的非模态弹窗有吐司弹窗（Toast）和功能提示框（Snackbar）。

（1）吐司弹窗（Toast）。

吐司弹窗(Toast)在电脑端和移动端 App 中均有使用,在用户操作完成后进行提醒或结果反馈，3 秒钟内会自动消失，可以出现在页面的顶部、中部、底部、角落等任何位置。例如，"加载中""保存成功"等。吐司弹窗（Toast）属于弱提醒，只有一句简短的提示文字或图标，容易被用户忽视，不适合承载重要的提示信息。

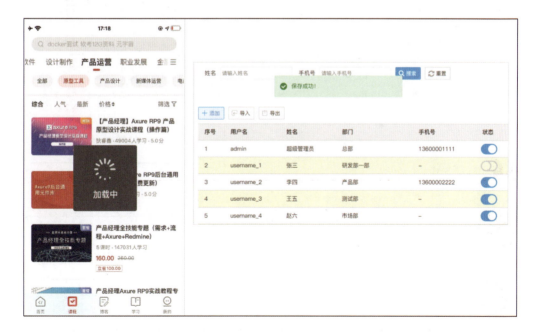

（2）功能提示框（Snackbar）。

功能提示框（Snackbar）在电脑端和移动端 App 中均有使用，由提示文字和 1 个功能按钮组成，即使用户不对它进行任何操作，它也会自动消失。在移动端 App 中一般位于页面底部，在电脑端中一般位于页面顶部或角落。

▶ 6.3.5 表格设计

产品的后台界面经常会用到表格，实现对数据的管理、归纳、查询、筛选、排序等操作。按照页面的结构分为表格外部和表格内部。表格外部由筛选区、功能按钮区和页码区组成，表格内部由表头区、数据区和行内操作区组成。下面介绍表格的设计细节。

 狄老师：本小节主要介绍的是后台界面中的表格，在移动端 App 中，也会有数据列表，有些列表只有单纯的展示和筛选功能，有些列表也会有增删改功能，它们的展示形式也许不是传统的 M 行 × N 列的表格形态，但设计理念本质上是相同的，在学完本小节内容后，要注意思考。

张同学：好的！

1. 筛选区

用户面对庞大的数据量，必须通过筛选才能找到自己想要的数据，合理的筛选区设计可以极大地提升用户查询数据的效率。

（1）隐藏不常用的筛选条件。

数据的筛选一般为组合筛选。当筛选条件较多时，默认状态下可以隐藏不常用的筛选条件，节省空间给表格数据区域使用，当需要时再展开。

（2）筛选条件组合。

当筛选条件比较复杂且常用时，可以预设几个组合，用户可以一键查询。也可以提供自定义筛选条件组合的功能，但自定义添加的组合一般只对当前用户生效。

（3）精确搜索与模糊搜索。

当搜索条件的字段是"编码""号码"类型时，一般使用精确搜索，搜索结果必须完整匹配用户输入的关键词。例如，按手机号搜索、按会员卡号搜索、按商品 SKU 编码搜索等。

当搜索条件的字段是"文本"类型时，一般使用模糊搜索，搜索结果只需连续包含用户输入的关键词即可。例如，按文章标题搜索，用户输入"产品经理"，则文章标题中所有包含"产品经理"

四个字的都能够被搜索出来。需要注意的是，"产品经理"四个字必须连在一起，如果出现"产品××经理"这样被其他字符隔开的情况（如"产品运营经理"），是不会被搜索出来的。因为管理后台的搜索功能与搜索引擎不同，它不涉及分词，所以只能搜索到连续的关键词。

（4）关于 Tab 标签页的使用。

Tab 标签页通常用于区分列表中数据的状态或类型，并且用户需要经常快速切换不同标签页的数据。例如，订单列表中的状态包括"待发货""已发货""已收货""已评价"和"全部"，可以把这些状态放到 Tab 标签页中显示。

但有两点需要注意：第一，当用户进行数据筛选时，必须自动切换至"全部"选项卡并显示筛选结果，因为筛选结果可能分布在各个状态或类型中，只有在"全部"选项卡中才能显示所有的筛选结果；第二，不能因为把状态或类型显示在了 Tab 标签页中，就在表格数据区中把该字段隐藏，否则在"全部"选项卡下，无法得知每条数据的状态或类型。

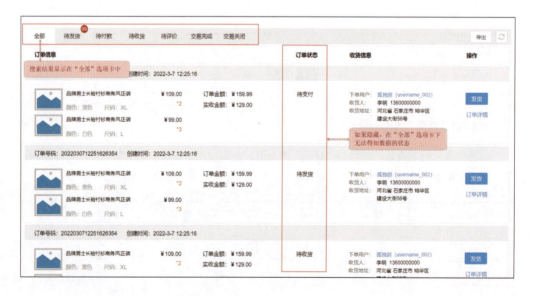

2. 功能按钮区

功能按钮区常用的按钮有新增、批量导入、批量启用、批量禁用、批量删除、数据导出、刷新等。要区分出哪些按钮是主要按钮，哪些按钮是次要按钮。

（1）批量操作要谨慎。

批量操作相对比较危险，要评估当前页面功能是否常用批量操作。对于很少有批量操作场景的页面，可以不显示对应的按钮。

（2）批量导入时要注意提供标准的模板。

一般以 Excel 格式进行批量数据导入，也有少量以记事本 TXT 格式导入的场景。无论使用哪种格式，都要能够下载标准模板，并在产品页面及模板文件中进行详细的说明，对每个字段的格式要求进行标注，最好能够在模板中预先填写示例数据，并提示用户在真实导入时把示例数据删除。

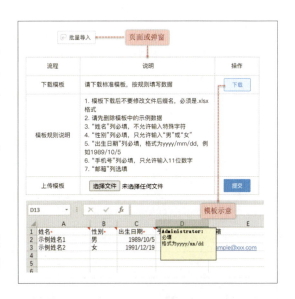

3. 表头区

表头区显示每一列的标题，用于对数据的含义进行解释，同时可以承载排序功能。

（1）自定义表头。

当字段过多时，可以考虑使用自定义表头，让用户自己决定显示哪些字段。

（2）固定列，水平滚动。

当字段过多时，也可以让列首和列尾的某一列或某几列固定，其余的水平滚动。但要慎用此设计，因为水平滚动的用户体验并不够友好。

序号	用户名		部门	手机号	状态	创	操作	
1	admin	员	总部	13600001111	●	20	编辑	删除
2	username_1		研发部门	-	○	20	编辑	删除
3	username_2	李四	客服部门	13600002222	●	20	编辑	删除
4	username_3		产品部门	13600003333	○	20	编辑	删除
5	username_4		测试部门	-	●	20	编辑	删除

（3）表头固定。

当每一页显示的数据行数较多时，用户可能会忘记每一列的含义是什么，可以把表头固定，只在表格数据区域内进行滚动。

（4）自定义排序。

可以在表头中加入排序功能，按照某列进行升序和降序排列，但需要有恢复默认排序的功能。

（5）表头内筛选。

除表格外部使用表单组合进行筛选外，在表头中也可以设置筛选功能。

4. 数据区

数据区是表格中面积最大的核心区域，其设计得是否合理，将直接影响用户的使用感受。

（1）对齐方式。

一般文本类型的数据要居左对齐，金额类型的数据要居右对齐。

（2）默认排序方式。

如果没有特殊的业务需求，数据一般按照创建时间倒序排列，也就是说，最新的数据显示在表格的第一行。

（3）避免行数据之间的混淆。

使用斑马纹（即每一行之间使用交替背景色）区分不同行的数据。当鼠标指针划过时，当前行用高亮颜色显示，避免用户把数据"看串行"。

（4）空白单元格的处理。

当某个单元格没有数据时，不要直接显示为"空"，否则可能会给用户造成困扰，用户不知道是真的没有数据还是程序出错了，一般使用"-"代替。

（5）展开行。

当字段数量过多时，除自定义表头与横向滚动条外，还可以把每一行设计成可展开的效果，查看更多数据。

（6）树状结构的数据表。

当数据格式为上下级结构时，例如，部门数据展示、商品分类数据展示，可以把表格设计成树状结构，逐级展开。

（7）数据合计。

可以在表格的第一行或最后一行提供数据的合计功能。

5. 行内操作区

表格数据区的最后一列一般为"操作区"，可以对这一行的数据进行操作，例如，编辑、删除、设置状态、查看详情、设置关联数据信息等。

（1）编辑和详情。

尽量把"编辑数据"和"查看详情"功能分开设计，"详情"只能查看不能修改，这样可以提高安全系数，防止用户误操作。也就是说，"编辑"按钮和"详情"按钮一般是同时存在的。

（2）操作按钮的数量问题。

当操作按钮数量较多时，全部显示出来也会占用宝贵的表格空间，可以把不常用的按钮、危险的按钮隐藏起来，通过"更多"的方式显示。

6. 页码区

除极特殊的业务场景外，后台的数据表格一般需要分页显示。页码区除可以点击切换数据页外，还可以设置每页显示的数据条数，手工输入跳转的页码，显示当前筛选条件下的数据条数。

6.4 设计原则

在设计界面原型时遵循一定的设计原则,一方面可以降低与团队成员的沟通成本,另一方面可以确保设计出来的产品能够符合用户的操作习惯,提升用户体验。

▶ 6.4.1 保证美观

虽然在制作低保真原型时不应过多在意原型的视觉样式,但这并不意味着低保真原型是粗糙的、杂乱无章的。黑白灰的线框图同样可以做到工整、美观,目的是提升原型的浏览体验,降低沟通成本。

(1)视觉优先级。

页面中哪些元素是重要的、需要让用户重点关注的,期望引导用户完成何种操作,在原型中应该有所体现。可以使用深浅不同的灰色来表示页面元素的层级关系,使用某种高亮颜色区分重要元素和次要元素。文本颜色和背景色块要使用反差较大的对比色,提升可读性。

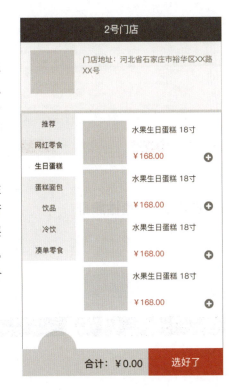

> **张同学**:狄老师,高亮颜色指的是什么呢?
>
> **狄老师**:在项目前期,产品经理可以提前与 UI 设计师、项目的上游人员共同确定产品的主色,这个主色可以直接应用在界面原型中。如果没有提前确认主色,则可以随意选取一种醒目的颜色,界面原型中需要着重提醒 UI 设计师和开发人员的元素,可以使用这种颜色。

（2）保持对齐。

页面中各个区域和区域中的组件要相互对齐，让浏览者对页面中的每个区域都一目了然，杂乱无章的排版会让人没有继续看下去的欲望。

可以通过原型设计工具中的辅助线和网格，形成栅格系统来规范页面布局，让元素之间的距离、尺寸、比例更加协调，让网站和 App 看起来更加整洁、统一。

 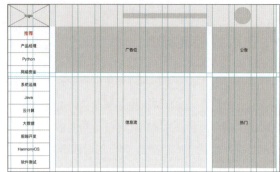

6.4.2 一致性原则

在 UI 设计中必须遵循一致性原则，而在产品原型设计中，一致性原则同样重要，能够让产品整体性更强，减少用户的认知负荷，让用户快速熟悉产品的页面结构和路径，更容易地上手使用产品。

（1）文案一致。

相同功能、操作的文案要保持一致，例如，新增功能，不要有的地方是"新增"，有的地方是"添加"。同理，还有"确认"与"确定"，"搜索"与"查询"等。

文案的风格要保持一致，例如，对于购物车的缺省页的文案提示，比较传统的提示语为"暂无数据"，而比较俏皮的提示语可能为"然而这里并没有什么东西……"。各处提示文案要和产品的特质保持一致。

（2）交互方式一致。

相同的功能要保持交互方式的一致，例如，删除功能，不要有的地方是"长按删除"，有的地方是"左滑删除"，也要尽可能和产品所在的操作系统（iOS、Android、macOS、Windows）保持交互的一致。

（3）位置一致。

相同的功能区域在界面原型中的位置要一致。例如，页码组件不要有的地方居左，有的地方居右。

▶ 6.4.3 真实数据原则

原型页面中的数据要尽可能符合真实情况，包括文案、数字、图片等，为 UI 设计师和开发人员提供准确的信息，这样的界面原型才更具有表现力，不需要过多的解释就可以让浏览者理解原型要表达的含义。

（1）模拟各种长度的数据。

例如，App 数据列表中的标题字段，常规标题和超长标题都要体现在界面原型中，标题长度超出最大字数后如何处理也要展示出来。

（2）使用真实的数据类型。

例如，后台数据列表的展示，列表中的编码、标题名称、金额、时间等字段的数据类型是不同的，要按照真实的数据类型去绘制原型，特别是列表数据字段较多时，尤其要注意。

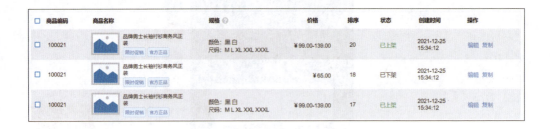

（3）数据格式要有标准。

例如，金额的小数点要有统一的标准。又如，时间的显示格式精确到分钟还是秒钟、用哪种连接符，都要标识清楚。

（4）保证计算的数据准确。

例如，订单中包括1件50元的商品，2件20元的商品，并且使用了10元的优惠券，则订单金额应该是 50×1 + 20×2 = 90 元，实付金额应该是 90 – 10 = 80 元。原型中每处涉及的金额、件数都要体现出计算逻辑，这样可以减少沟通成本，避免造成误会，同时也可以让产品经理思考得更加深入细致，避免出现逻辑漏洞。

序号	时间格式与精度	示例
1	年-月-日 时:分:秒	2022-09-13 09:53:09
2	年/月/日 时:分:秒	2022/09/13 09:53:09
3	年-月-日 时:分	2022-09-13 09:53
4	yyyy年mm月dd日	2022年09月13日
5	mm分钟前	5分钟前
6	hh小时前	3小时前
7	dd天前	1天前

> **张同学**：狄老师，模拟真实数据时，不会浪费很多时间吗？

狄老师：如果不这样去做，在原型交付后由于沟通成本的上升导致的多付出的时间，比之前"节约"出来的时间还要多。但在不会引发歧义的前提下，可以使用"重复的真实数据"，例如，商品列表中，只需要模拟一个商品的名称、价格、封面图就可以了，列表中的其他商品可以使用重复的数据。但关键字段还是要有区别的，例如，订单列表中要把所有的"状态"全部列举出来，而订单的其他字段可以使用重复数据。

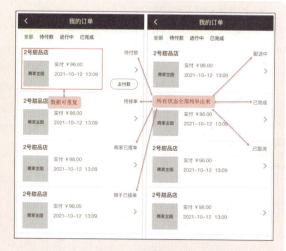

上述方式仅限于团队成员内部使用，如果需要使用原型进行用户测试，请谨慎使用重复数据。

▶ 6.4.4 反馈原则

反馈是产品设计中非常重要的一个环节，它能告诉用户当前发生了什么、用户操作的结果是什么、接下来应该做什么。良好的反馈能够让用户在使用产品时更加顺畅，赋予用户参与感和操控感，不到位的反馈会让用户感到迷茫与烦躁，降低用户体验。

（1）及时的错误反馈。

错误分为两大类，一是系统错误，例如，服务器异常、网络断开等。二是用户没有按照预期进行操作而产生的错误，例如，必填字段没有填写、下单时的红包不可用等。当错误发生时，要给用户进行反馈。

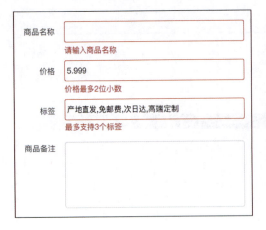

反馈要及时,就是当用户发生操作错误时,以系统能够做到的最快的速度告知用户。例如,当用户填写很多表单信息时,要在文本框失去焦点时就直接校验,如果有错误立刻提醒,不要在最后的提交时刻才提示错误内容。最好采用逐行提示的方式,逐条显示错误信息,减少使用 toast 弹框的方式,一方面 toast 每次只能提示一条错误信息(如果多条信息罗列在一个 toast 弹框中,可读性会变得很差),另一方面用户看到 toast 中的提示时还要再人工定位到错误的位置,如果表单内容过多,查找时间会变长。

反馈信息要明确,应提示具体的错误原因,并指导用户应该如何去做。例如,当用户设置的密码不符合要求时,要提示不符合要求的原因,以及正确的密码格式要求。又如,用户的红包不可用时,要提示为什么不能用,是因为不满足起始金额,还是不在有效期内,要注明具体原因。

(2)不要忘记正向反馈。

除发生错误时进行反馈外,用户操作成功时也要进行反馈。如果用户正在进行多步骤的操作,每完成一个步骤时,还要提醒用户接下来要做什么、还需要完成几项内容才能结束。

张同学：狄老师,我们平常使用 App 时,好像并没有很多"成功"的提示框啊？

狄老师：反馈并不一定非要使用"提示框"这种形式,只要能让用户明白刚才的操作成功了,就可以了。例如,我们在发微博时,系统会把我们刚发布的内容置顶显示,让用户直观看到发布的内容。又如,填写表单后,表单边框变成绿色且显示正确的图标时,代表填写无误；上传图片时,当图片遮罩完全消失,表明上传成功等。

（3）进行中的反馈。

当产品不能短时间内处理完用户的指令时，需要给出"进行中"的反馈。例如，上传文件时，需要显示进度条，让用户对上传成功的时间有一个心理预期。又如，加载长页面时，在数据加载出来之前，页面上先以占位符的方式进行展示，给用户一个"系统反应速度很快"的错觉，当然这种效果一般不需要产品经理在原型中设计出来，可以提前写好说明，与 UI 设计师、前端工程师进行交流。

（4）善用缺省页面。

当页面中数据为空时，要告知用户当前页是没有数据的，不要让页面看起来是空白的，这样用户不知道是真的没有数据，还是软件或操作出现了问题。应该设计一个好的缺省页面，通过文案指导用户应该做什么，也可以加入操作按钮引导用户。例如，社交 App 中，当用户还未发表任何内容时，"我的动态"页面是没有数据的，可以显示文案"这里空空如也"，并放置一个"去记录生活"按钮。

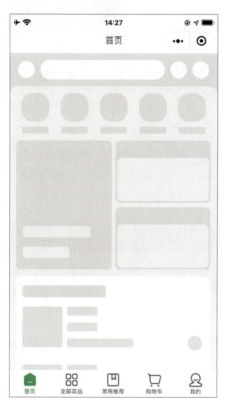

6.4.5 容错性原则

产品容错性是产品对于错误操作的承受力，好的产品设计要降低发生操作错误的概率，提升错误发生后得以解决的概率。

（1）提供引导提示。

当新用户第一次使用产品、产品新版本有新特性、产品有特殊的交互方式时，应该对用户进行指引。常用的方式有两种，一是使用多张引导页进行轮播，说明本次版本迭代的新功能。二是在页面上使用遮罩层，把引导信息突出显示在遮罩层上。

当用户进行不可逆的操作时，让用户明确了解这样操作的后果。例如，当用户删除关键数据时，明确警示用户，数据被删除后无法恢复。

（2）限制操作。

增加不可逆操作的难度，增加操作步骤和多次确认的环节。例如，删除某些重要数据时，增加删除按钮的层级，添加多个确认弹框。

限制不应该发生的操作，例如，在选择出生日期时，不可能选择未来的日期，所以"日期组件"中把当天之后的日期禁用，这样可以从源头上避免错误。

只提供正确的操作方式，例如，输入车牌号时，自定义输入键盘，按照车牌每一位的字符类型显示对应的按键。

（3）减少成本。

尽量减少不必要的操作步骤，进而减少犯错。例如，用户输入电子邮箱时，在下拉框中显示常用的邮箱后缀，让用户直接选择，可以降低用户输入错误的概率。又如，根据用户输入的银行卡号自动识别所属银行。

可以让用户选择的，就避免让用户输入。分为两种情况，一是数据格式有严格要求的，例如，日期和时间的日常书写格式多种多样，如果让用户随意输入，系统很难识别，如果在页面中注明格式要求，用户又有一定的概率会输入错误，所以直接提供日期时间组件让用户选择。二是需要关联其他数据的，例如，商品需要关联分类，在程序中本质上是关联分类 ID（ID 是唯一值），如果让用户手动输入分类名称，则无法关联对应的分类 ID，一般使用下拉列表让用户选择，下拉列表的选项中虽然给用户展示的是分类名称，但本质上是选择了分类 ID。

（4）操作恢复。

允许用户犯错，但能够恢复到之前的内容。例如，各种数据回收站、撤销功能、Photoshop 的历史动作等。又如，审批功能，要根据实际业务情况，决定是否可以改变审批结果。

（5）提供解决方案。

6.4.4 小节中提到的"及时的错误反馈"，也可以作为容错性设计的一种。当用户已经操作错误时，帮助用户解决问题。例如，当用户多次输入错误的密码时，提供找回密码的功能。又如，在搜索引擎中，当系统判断用户输入的关键词有明显错误，无法找到搜索结果时，向用户询问或推荐纠正后的内容。

> 张同学：狄老师，如果产品在功能上无法直接解决用户的操作错误问题怎么办呢？
>
> 狄老师：如果用户无法自行解决，可以提供在线客服。

产品经理必学的 UML 图

本章先介绍 UML 建模的含义，然后按照用例图、活动图、实体关系图和状态机图的顺序介绍它们的作用和绘制技巧，从宏观视角到具体活动，从业务角度到数据角度，层层递进，完成对产品的建模。学完本章内容，读者将学会 4 种产品经理常用 UML 图的绘制方法。

| 学习目标 |

了解 UML 建模的含义

掌握用例图的绘制方法

掌握活动图的绘制方法

掌握实体关系图的绘制方法

掌握状态机图的绘制方法

掌握使用 ProcessOn 绘制 UML 图的操作方法

7.1 用例图

UML 全称是 Unified Modeling Language，是一种通用的图形化建模语言，诞生之初是给研发人员使用的，但也适合架构师、产品经理、系统分析师等角色使用。UML 中包括十余种图，本章主要介绍产品经理必学的用例图、活动图、实体关系图和状态机图，产品经理借助这些 UML 图，可以更好地梳理逻辑、提升沟通效率。首先介绍用例图。

用例图从用户视角出发，描述不同场景下的业务模型，真正做到以用户为中心分析需求、设计产品，多用于业务建模、需求建模。

7.1.1 基础知识

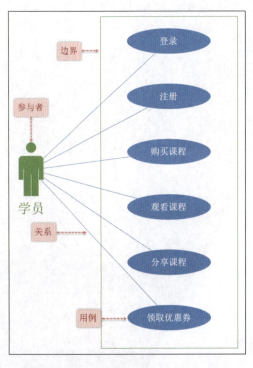

用例图是用户与系统交互的最简单的表示形式，从外部用户的视角观察系统的功能模型图，以图形的方式表明"系统做什么"，成为"系统的蓝图"，帮助项目干系人理解系统的功能边界。左图是在线学习课堂的学员用例图。

用例图的组成元素包括参与者、用例、边界和关系。

（1）参与者。

参与者不仅指人，也可以是与系统进行交互的其他系统、硬件、事务等，它们参与用例的执行过程。无论是何种类型的参与者，均使用人形图示。

（2）用例。

用例是外部可见的系统功能和系统提供的服务，与参与者结合后，就可以描述参与者与系统有何种互动，也就是参与者要达成的目标。用例使用椭圆形表示。

（3）边界。

一般使用矩形框表示系统的边界，参与者显示在矩形外部，用例显示在矩形内部。

（4）关系。

关系包括关联、包含、扩展和泛化。

- 关联关系

描述参与者与用例之间的一般关系，使用实线线段表示，也可以使用实线箭头表示，箭头从参与者指向用例。

- 包含关系

描述用例与用例之间的关系，当一个复杂的用例需要更详细地拆分时，把父用例细化为子用例，使用虚线箭头表示，箭头上标注"<< 包含 >>"或"<<include>>"字样，箭头指向子用例。

- 扩展关系

描述用例与用例之间的关系，对基础用例进行扩展描述，一般在特定条件下或异常流程中，扩展用例才会被执行，使用虚线箭头表示，箭头上标注"<< 扩展 >>"或"<<extend>>"字样，箭头从扩展用例指向基础用例。

- 泛化关系

描述参与者与参与者之间、用例与用例之间的关系，当参与者或用例可以列举出特殊例子时，从基础用例泛化出新的用例，使用空心三角箭头表示，指向基础用例。

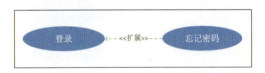

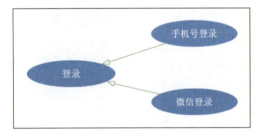

> **张同学**：狄老师，任何系统都需要绘制用例图吗？
>
> **狄老师**：没必要所有的系统都绘制用例图。功能比较简单的系统，用例很少，可以不绘制用例图。

7.1.2 实战案例

接下来绘制外卖产品的用例图。外卖产品的参与者包括消费者、商家、骑手和品牌总部相关人员。下面制作消费者的用例图。

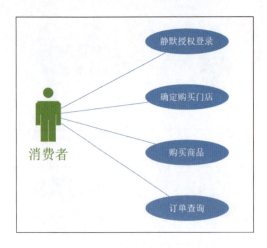

（1）分析消费者使用外卖小程序的业务场景，其实消费者只有一个核心目的——购买商品，但作为系统用例来说，显然是不够的。为了达成购买商品的目的，还要先完成登录、确定购买门店这两个目标，在购买商品后，还可能需要查询购买订单，所以基础用例如左。

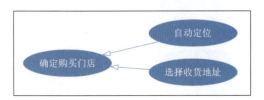

（2）有两种方式"确定购买门店"，延伸出新的泛化用例：自动定位、选择收货地址。

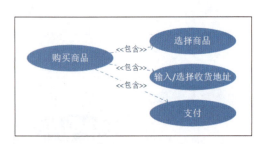

（3）完成"购买商品"，包含选择商品、输入/选择收货地址、支付几个子用例。

张同学：狄老师，如何确定用例之间是泛化关系还是包含关系呢？

狄老师：拿这个案例来说，"自动定位"和"选择收货地址"都是"确定购买门店"的方式，单独执行这两个用例中的任何一个，都能达到"确定购买门店"的目的，所以它们之间是泛化关系。
但"选择商品""输入/选择收货地址""支付"只是"购买商品"的步骤，或者说是阶段性的目标，单独执行这三个用例中的任何一个，都无法达到"购买商品"的目的，所以它们之间是包含关系。
可以通过"单独执行子用例是否能达到父用例目的"的方式，来区分泛化与包含。

（4）购买商品后，在特定情况下会执行订单评价、申请退款用例，所以它们与"购买商品"之间是扩展关系。

请读者自行制作商家、骑手和品牌总部相关人员的用例图。注意，品牌总部相关人员可以继续细分，例如，财务人员、运营人员、管理人员等。

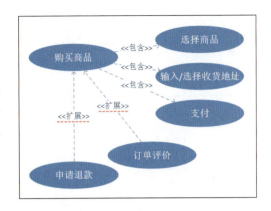

7.2 活动图

活动图可以认为是对用例图的细化，剖析每个用例内部的执行情况，对系统的功能建模十分重要，也有助于开发人员对用例执行细节的理解。

▶ 7.2.1 基础知识

活动图用于对软件系统中的动态行为进行建模，描述执行用例所要进行的活动及活动的顺序，展现活动之间转移的控制流，与之前学习的流程图有些类似。右图是某校园 App 中学生申请自习室座位的活动图。

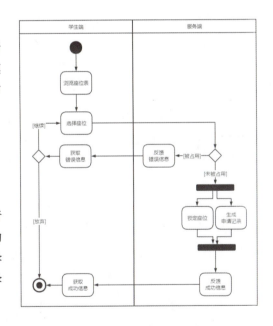

> **张同学**：狄老师，一张活动图只能解释一个用例吗？
>
> **狄老师**：一张活动图最好只包含完成一个用例所需要的活动，如果该用例还有子用例（包含、扩展、泛化），并且子用例比较简单，那么也可以把父用例和子用例所需的活动放到一张活动图中。

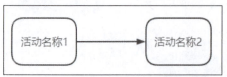

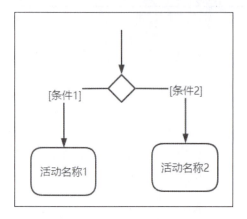

活动图的组成元素包括开始/结束标记、活动、执行顺序、判断、泳道、同步栅。

(1)开始/结束标记。

开始标记使用实心圆形表示,结束标记使用内实心圆表示。

(2)活动和执行顺序。

活动是对象具体的执行动作,使用圆角矩形表示。活动名称一般使用动宾短语。根据活动的执行顺序把它们用实线箭头连接起来。

(3)判断。

在不同的触发条件下,执行不同的活动,使用菱形表示,触发条件通常写在菱形外部的箭头上,并且使用英文中括号[ ]括起来。

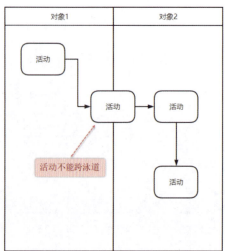

(4)泳道。

活动图一般都会包括泳道,每条泳道代表一个对象,每一个活动只明确属于一条泳道。泳道可以是水平或垂直的,根据个人习惯和排版空间来选择。

(5)同步栅(分叉与汇合)。

活动图可以清晰地表示活动的并发情形,而流程图很难做到这一点。同步栅就是用来表示并行活动的,使用较粗的线段表示。

分叉用于表示将一个流程分成两个或多个并发执行的分支;汇合用来表示并行分支在此得到同步,先完成的分支需要暂停等待,只有当所有的分支都到达汇合点,才能继续执行。

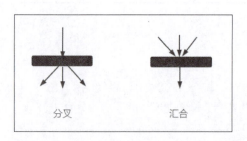

7.2.2 实战案例

接下来绘制外卖产品中"商家提现过程"的活动图。假设业务背景：消费者支付一笔订单后，这笔钱先支付到总部的账户，当商家完成订单后，将分账金额记录到商家的虚拟钱包中，商家自行把虚拟钱包中的余额提现到自己的真实账户中。系统后台已经提前维护好每个加盟商家的提现账户。

（1）把提现过程中涉及的对象角色分为商家端、服务端、第三方支付平台，使用泳道进行划分。

> **张同学**：狄老师，我第一次听到关于"服务端"的说法，它是什么含义呢？
>
> **狄老师**：这就涉及了一点软件开发的相关知识。现在有一种主流的开发手段叫作"前后端分离"，所谓前端，就是用户看到的终端，又被称为客户端，例如，小程序、App、网页等。前端只负责展示信息及一些简单的逻辑校验，而核心业务逻辑的处理全部是由后端完成的，也被称为服务端。服务端运行在服务器上，是用户看不到也摸不着的。
> 产品经理明白了这个知识点，在活动图中如果能按照这种维度区分对象角色，就能够更接近系统真实的内部逻辑。当然，如果短时间内搞不清楚客户端和服务端的含义，直接从用户视角划分也没有问题。在这个案例中，也可以为把商家端和服务端统称为"商家 App"。

（2）整个过程从商家"打开虚拟钱包"开始，然后"申请提现"，这些动作都是由用户直接操作触发的，所以把这两个活动放到"商家端"的泳道中。

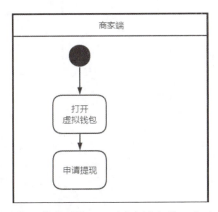

（3）从商家发出提现申请，到最终提现成功，这中间是要花费一定时间的，尽管时间可能很短。在这个时间段内，用户申请提现的这部分金额要被锁定，不能再用于其他用途，防止账目混乱。例如，商家虚拟钱包中有 100 元余额，全部申请提现，此时虚拟钱包的可用余额应该为 0 元，而 100 元要被锁定。如果没有锁定的过程，申请提现后商家又处理了一笔 10 元的退款，并且要从 100 元余额中扣除，此时真正能够被提现的金额应该只剩 90 元，而刚刚商家提出了 100 元的提现申请，总部就多付给了商家 10 元。所以，在商家申请提现后，要有"锁定提现金额"的活动。

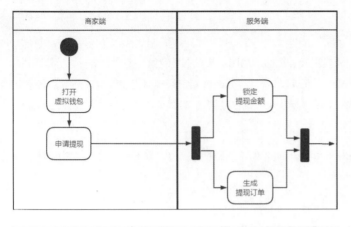

（4）商家申请提现后，要有"生成提现订单"的活动。"生成提现订单"和"锁定提现金额"是同时进行的，当这两个活动全部完成时，才会通知第三方支付平台，所以要使用同步栅。这两个活动都是系统内部的处理逻辑，用户是看不到的，所以它们应该放到"服务端"的泳道中。

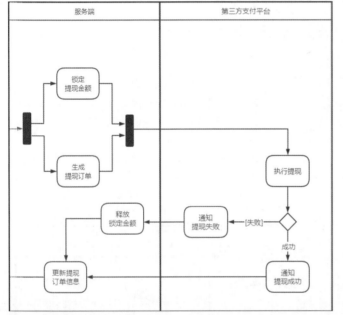

（5）第三方支付平台在收到提现请求后，开始"执行提现"。执行提现有两种结果：成功或失败，并且要通知服务端。当服务端获得提现成功的消息后，要"更新提现订单信息"为"提现成功"。当服务端获得提现失败的消息后，要"释放锁定金额"，把被锁定的余额恢复正常，然后"更新提现订单信息"为"提现失败"。

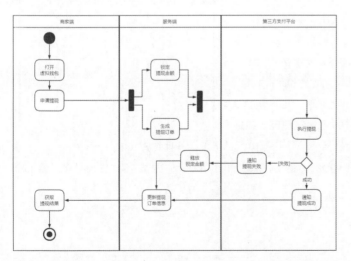

（6）无论提现成功还是失败，都要由商家端从服务端"获取提现结果"并展示给用户，活动结束。

7.3 实体关系图

实体关系图能够辅助梳理软件系统中数据之间的逻辑关系,非常受开发人员的欢迎,所以产品经理也要加以重视,学好实体关系图的绘制技巧,更顺畅地与开发人员沟通。

▶ 7.3.1 基础知识

张同学:狄老师,我最近尝试通过原型图、流程图等方法向我的程序员朋友介绍产品功能时,他们总是会有比较多的疑问,有什么解决办法吗?

狄老师:那是因为你给他们讲解产品需求时,大多数情况下只是简单地从使用流程上介绍,而开发人员对"数据"是非常敏感的,如果你能把系统中的数据逻辑给开发人员讲清楚,肯定会事半功倍。这一节就为你介绍这样一种工具——实体关系图。

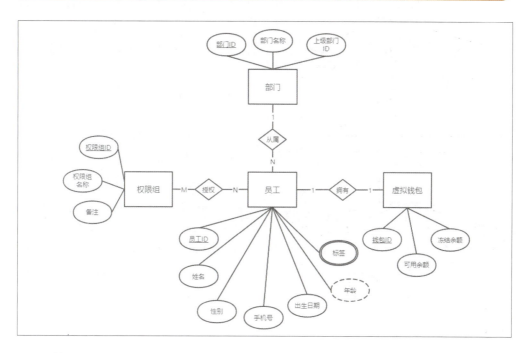

实体关系图也称为 E-R 图(Entity Relationship Diagram),它提供了一种表示实体类型、属性和联系的方法,可以把现实世界抽象成数据模型。

（1）实体。

一般认为，客观上可以相互区分的事物就是实体，实体可以是具体的人和物，也可以是抽象的概念。通常在矩形内标注实体名。例如，在一个企业 OA 系统中，员工、部门、权限组、虚拟钱包等就是实体。

确定实体的过程可能是循序渐进的，很难一次性完成，在稍后定义属性的过程中，可能会发现新的实体，也可能会发现之前确定的实体有问题，要逐步完善、修正。

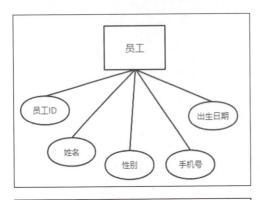

（2）属性。

属性是实体所具有的某些特性，一个实体可由若干个属性来刻画。通常在椭圆形内标注属性名，并用线段将其与对应的实体连接起来。例如，员工的属性可以包括员工 ID、姓名、性别、手机号、出生日期等。

另外，有几种特殊的属性需要说明，包括关键属性、派生属性和多值属性。

● 关键属性。

把实体属性中的唯一标识称为关键属性。例如，员工 ID 能够唯一确定某个员工，它就是员工的关键属性，在椭圆形文本中用下划线标注。

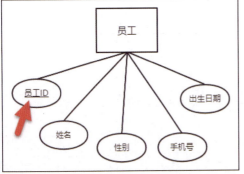

● 派生属性。

由一个属性"推断"出来的属性，称为派生属性，派生属性的值可能是动态变化的，在数据库中一般不把派生属性作为字段来设计。例如，员工的年龄可以通过出生日期计算出来，每年都会发生变化，那么年龄就是一个派生属性，使用虚线椭圆表示。

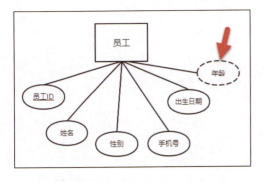

● 多值属性。

可以包含多个属性值的属性，称为多值属性。例如，员工可能有多个标签，它就是一个多值属性，使用双椭圆表示。

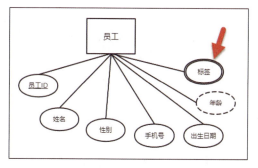
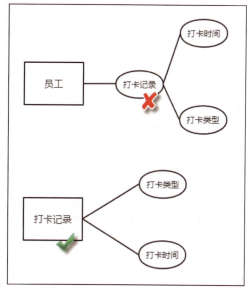

在定义属性时，有以下两点需要注意。

①属性不能和实体有联系，否则请把该"属性"划定为实体。

②属性是用来描述实体的，它不应该还需要新的属性去描述它本身。例如，员工的"打卡记录"还需要打卡时间、打卡类型等进行描述，所以"打卡记录"就不能作为员工的属性，而要独立成一个实体。

张同学：狄老师，员工所在的部门为什么不能作为员工的属性呢？

狄老师：部门可能会引申出其他的业务逻辑，例如，不同部门看到的业务数据范围不同，部门之间会涉及工作内容的流转等，这样部门可能会和其他实体有联系，所以把部门抽象成一个实体更加准确。既然部门是一个实体，那么它会有部门ID、上级部门ID、部门名称等属性，所以不能把部门作为员工的属性。

张同学：嗯嗯，这下我的思路更加清晰了。

狄老师：再用员工的"岗位"举个例子，假如岗位不涉及其他的业务逻辑，只是简单地展示出来，那么"岗位"就可以作为员工的属性。假如要根据不同的岗位进行统计、筛选，那么"岗位"也应该作为实体看待。

（3）联系。

联系也称为关系，指实体之间的相互关联，包括3种关系类型："一对一"（1∶1）、"一对多"（1∶N）和"多对多"（M∶N）。经过菱形把相关的实体连接起来，并在线段上标注关系类型，在菱形内标注联系名。

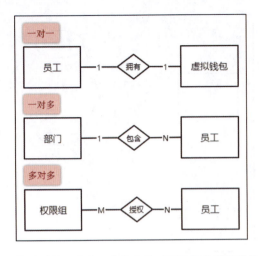

例如，员工和虚拟钱包之间是"一对一"（1:1）的关系，含义是1名员工只能拥有1个虚拟钱包，1个指定的虚拟钱包只属于1名员工。又如，部门和员工之间是"一对多"（1:N）的关系，含义是1个部门包含多名员工，但1名员工只属于1个部门。再如，员工和权限组之间是"多对多"（M:N）的关系，含义是1名员工可以属于多个权限组，1个权限组也可以包含多个员工。

实体关系图可以用来辅助进行数据库设计，从某种程度上讲，软件系统本质上是对数据的存储和操作，如果在产品设计之初就把系统中的实体关系梳理出来，非常有助于开发人员理解软件系统的逻辑。

  狄老师，我把属性用椭圆形和实体连接起来后，如果属性数量较多，画布空间就会变得很局促，有时候会放不下这么多的椭圆形，非常影响图表的可读性。

 确实会有这种情况发生，这就要求你在排版时，充分利用绘图软件的功能，把各种图形严格对齐，连线部分采用"折线"的方式，让图形看起来更整齐。

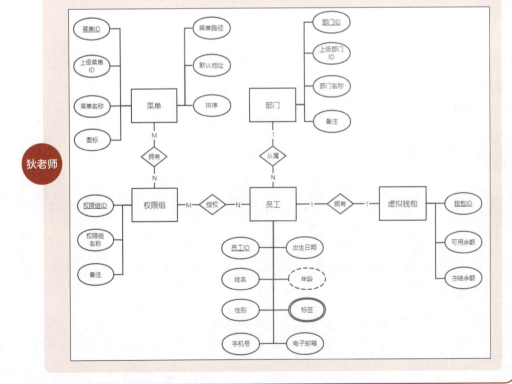

7.3.2 实战案例

接下来绘制外卖产品的实体关系图（E-R 图）。因为实体关系图中展示了整个系统的完整数据信息，如果完全按照标准画法绘制，会显得图表很臃肿，所以在实战项目中，可以适当对某些不重要的元素进行删减，或者换一种形式进行展示，具体做法详见下面的步骤。

（1）找到外卖产品中的实体。为了方便排版，可以先粗略估计，把可能有联系的实体位置放得近一些。

（2）检查是否有隐藏的实体没有找出来，这一步可以循序渐进。例如，在梳理"商品"实体的属性时，如果把"商品分类"作为属性处理，那么它还可以进一步细化为"分类 ID""分类图标""分类名称"，而属性是不能继续细分的，所以要把"商品分类"作为独立的实体。同理，还需要补充的实体有收货地址、红包明细。

（3）对实体属性的梳理难度并不大，只要细心，一般不会出现太大的差错。本小节以"商品"实体为例，梳理它的属性。

对于实体较多、关系比较复杂的系统来说，如果在 E-R 图中画出所有的属性，会让整个图形变得臃肿不堪，可读性变差。所以，在实战项目中，有一种简约的 E-R 图画法，就是不再用椭圆形表示属性，而是把属性以表格的形式附在 E-R 图后面，或者与信息结构图相结合进行展示。

（4）E-R 图中的重点其实是实体之间的关系梳理。是否在菱形内标注联系名并不影响我们梳理实体关系，所以本小节中省略标注联系名。

①商品分类与商品：一对多关系。一款商品分类包含多个商品，一款商品只属于一个分类。

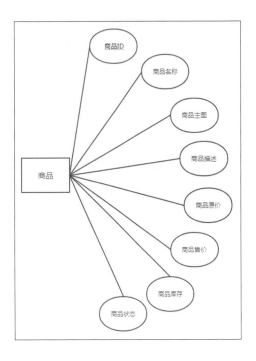

②商品与商品评价：一对多关系。假设业务需求是需要分别评价订单中的每个商品，且没有追评需求，那么一款商品拥有多条评价，一条评价只属于一款商品。如果业务需求中还需要对配送维度进行评价，那么还需要与订单相关联。

③门店与商品：一对多关系。一家门店包含多个商品，一个商品只属于一家门店（在假设的业务场景中，我们认为在软件系统中，商品在不同门店之间是独立的）。

④门店与订单：一对多关系。一家门店拥有多个订单，一个订单只属于一家门店。

⑤门店与满减活动：一对多关系。一家门店创建多个满减活动，一个满减活动只属于一家门店。

⑥门店与红包活动：一对多关系。一家门店创建多个红包活动，一个红包活动只属于一家门店。

⑦门店与门店用户：多对多关系。假设在业务需求中，一个人可以同时担任多家门店的店长，那么一家门店拥有多个门店用户，一个门店用户可能归属于一家门店，也可能归属于多家门店。

⑧订单与账单（收支记录）：一对多关系。一笔订单正常完结时，会对应一条收入记录，发生退款时，会对应多条支出记录。所以，一笔订单对应多个账单（收支记录），一个账单（收支记录）只对应一笔订单。

⑨订单与发票：一对多关系。正常情况下一笔订单只能开一张发票，但如果发票作废，可以重新开具，所以一笔订单对应多个发票记录，但一张发票只属于一笔订单。

⑩订单与退款申请：一对多关系。一笔订单可以发起多次退款申请，所以一笔订单对应多个退款申请，一个退款申请只属于一笔订单。

⑪消费者用户与订单：一对多关系。一个消费者可以拥有多笔订单，一笔订单只属于一个消费者。

⑫消费者用户与红包明细：一对多关系。一个消费者可以拥有多个红包，一个红包只属于一个消费者。这里需要对红包活动与红包明细加以区别。例如，新人红包投放了100个，"新人红包"是红包活动，100个红包中每一个都有一个唯一的ID，每一个都是红包明细，用户拥有的是红包明细。

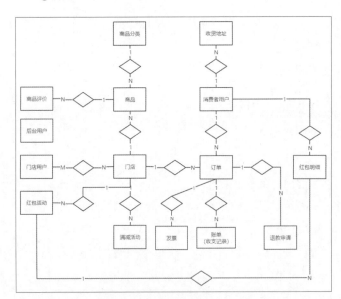

⑬红包活动与红包明细：一对多关系。一个红包活动可以投放多个红包明细，一个红包明细只属于一个红包活动。

⑭消费者用户与收货地址：一对多关系。一个消费者可以

有多个收货地址，一个收货地址只属于一个消费者用户。

⑮后台用户：与其他实体并没有建立实质上的联系。后台用户可以理解为只是在一个宏观视角上查询数据，即便他可以创造数据，这些数据也并不属于他。例如，后台用户创建了一个门店，这个门店也并不属于该后台用户。

 有开发背景的读者需要注意，E-R 图不是 100% 对应数据库表结构，在数据库中，多对多关系需要建立中间表，但在 E-R 图中并不需要把中间表画出来。

 狄老师，这是什么意思呀？

 你没有学过数据库相关的知识，可能比较难理解，接下来为你简单示意一下数据在数据库中是如何保存的。

以门店、门店用户和商品这三个实体为例，简单示意它们在数据库中是以何种格式保存的。

（1）门店与商品（一对多）。

门店 A（门店 ID = 1）拥有的商品有两个，商品 ID 分别为 1001 和 1002。

门店 B（门店 ID = 2）拥有的商品有三个，商品 ID 分别为 1003、1004 和 1005。

商品表					门店表		
商品ID	商品名称	商品售价	所属门店ID	...	门店ID	门店名称	...
1001	芝士蛋挞	5.00	1	...	1	门店A	...
1002	水果生日蛋糕	218.00	1	...	2	门店B	...
1003	葡式蛋挞	6.00	2	...	3	门店C	...
1004	瑞士卷	15.00	2	...			
1005	曲奇饼干	28.00	2	...			

（2）门店与门店用户（多对多）。

门店 A（门店 ID=1）拥有的用户包括 user_01（门店用户 ID = 1）和 USER_02（门店用户 ID = 2）。

门店表			门店-门店用户中间表			门店用户表		
门店ID	门店名称	...	ID	门店ID	门店用户ID	门店用户ID	用户名	...
1	门店A	...	1	1	1	1	user_01	...
2	门店B	...	2	1	2	2	user_02	...
3	门店C	...	3	3	1			
4	门店D	...	3	4	1			

E-R图中不需要画中间表

用户 user_01（门店用户 ID = 1）归属的门店包括门店 A（门店 ID = 1）、门店 C（门店 ID = 3）和门店 D（门店 ID = 4）。

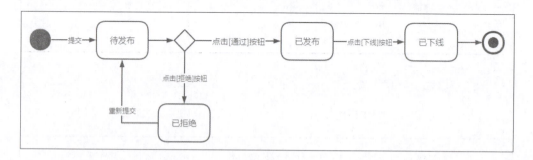

7.4 状态机图

状态机图有时也称为状态流程图，它让开发人员能够直观清晰地理解实体对象的状态是如何切换的。

7.4.1 基础知识

状态机图用来表示一个对象在生命周期内所经历的各种状态，以及每个状态发生改变时的触发事件和条件，有利于开发人员捕捉程序中需要的事件，也能够避免产品经理在设计系统时出现状态之间缺少触发事件的情况发生。下图是某博客系统中"博客文章"对象的状态机图。

状态机图的组成元素包括开始 / 结束标记、状态、动作、条件分支。

（1）开始 / 结束标记。

与活动图一样，开始标记使用实心圆形表示，结束标记使用内实心圆表示。

（2）状态。

对象的所有状态都要体现在状态机图中，一般使用圆角矩形表示。对象的默认状态（初始状态）与开始标记连接，对象的完结状态与结束标记连接。

（3）动作、条件分支。

使用箭头连接状态代表状态的切换，箭头指向下一个状态。在箭头上标注触发状态切换的动作，如果有执行条件，使用菱形表示条件分支。

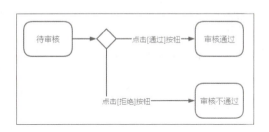

> 张同学：狄老师，在描述触发动作时，有什么技巧吗？
>
> 狄老师：其实开发人员和产品经理都可以绘制 UML 状态机图，但他们的视角是不同的。作为产品经理，我更习惯从用户使用的场景去描述如何触发状态的切换，例如，精确到点击某个按钮。

▶ 7.4.2 实战案例

接下来绘制外卖产品中"订单"对象的状态机图。先初步把订单分为等待商家接单、商家已接单、等待骑手接单、骑手已接单、骑手配送中、配送完成6种状态，然后逐步细化，添加新的状态。

（1）上述6种状态是业务正常进行时订单的状态，先把它们连接起来并标注执行动作。

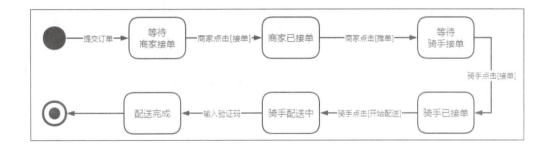

（2）我们看到的支付过程实际上会分成两个步骤：①生成订单，②发起支付。所以，订单刚刚生成时是没有支付的，它的初始状态应该是"等待支付"，当支付成功后切换至"等待商家接单"状态，当支付失败时，保持"等待支付"状态。

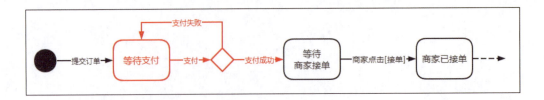

（3）当超过 15 分钟未支付成功，或者用户手动取消时，订单切换至"已取消"状态，订单生命周期结束，指向结束标记。

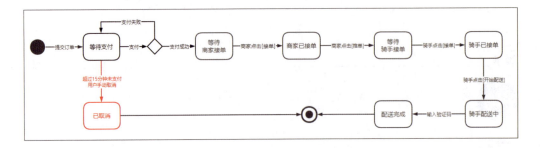

（4）当用户申请退款时，订单切换至"申请退款中"状态。若商家同意退款，则订单切换至"已退款"状态，订单生命周期结束，指向结束标记。若商家拒绝退款，则订单状态维持不变。

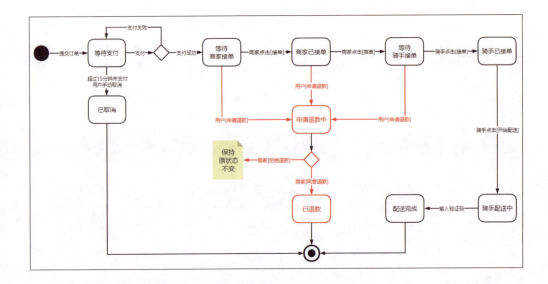

狄老师　此小节的案例简化了订单退款的业务模型，大家可以参照日常使用的外卖或商城类 App，自行对比与这些 App 在退款逻辑上有哪些不同，思考订单的状态应该如何设定与切换。

张同学　可以给出一些提示吗？

狄老师　例如，上面说的是全额退款，如果涉及部分退款，订单的状态应该如何变化？如果一笔订单分多次退款，最终完成全额退款，订单的状态应该如何变化？

7.5 UML 图绘图工具

推荐的 UML 图绘图工具有 ProcessOn 和 Visio，它们的操作法方法非常相似，本节以 ProcessOn 为例进行介绍，它更加轻量化，通过浏览器即可使用，支持的图表类型有很多，除 UML 图外，产品经理需要的流程图、思维导图、原型图等也可以用它绘制。

（1）在浏览器中打开 ProcessOn 官网，注册账号并登录后，新建一个 UML 类型的文件。

（2）左侧会显示各类图形，如果没有想要的图形，可以点击左下方的"更多图形"按钮，在打开的"图形管理"对话框中勾选需要的图形。

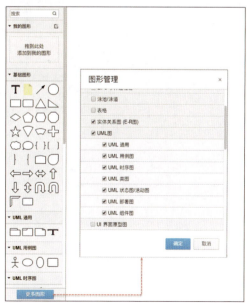

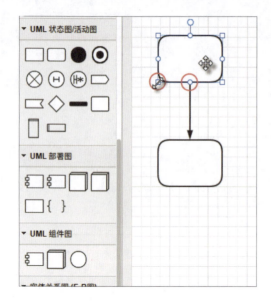

（3）把需要的图形从左侧列表拖入画布中，画布中的图形可通过4个角上的定位点改变尺寸。拖曳鼠标连接两个图形之间的连接点，即可画出箭头或线段，选中箭头或线段后，在工具栏中可以设置连线类型、起点样式和终点样式。

（4）在工具栏中可以设置图形的文本样式、对齐方式、层级、锁定状态等。

（5）在右侧的工具箱中，可以查看画布的导航位置、设置图形和页面属性、查看历史版本、查看评论等。

8 完成 PRD 文档

本章先介绍 PRD 文档的作用和组成内容，然后介绍 PRD 文档常见的两种形式及其优缺点。学完本章内容，读者将学会如何选取最适合的 PRD 文档形式，学会撰写详细的、可读性高、逻辑性强、便于维护的 PRD 文档。

| 学习目标 |

了解 PRD 文档的作用

掌握 PRD 文档的组成内容

掌握 PRD 文档的常见形式

8.1 撰写 PRD 文档

PRD 文档（Product Requirement Document，产品需求文档）中详细描述了产品的功能技术指标，主要阅读对象有开发人员、测试人员、项目经理和设计师等。

▶ 8.1.1 PRD 文档的作用

（1）PRD 文档作为软件开发、编写测试用例、验收上线的主要依据，所以要对产品的逻辑细节和功能细节进行详细的描述，例如，每个字段的含义、数据类型、输入限制、输出条件等。

（2）撰写 PRD 文档可以方便产品经理梳理业务细节。单纯地绘制界面原型，有些业务细节可能考虑得不周到，当静下心来撰写 PRD 文档时，会发现一些新的流程分支，可以在一定程度上减少设计漏洞。

（3）团队其他成员对需求的理解是通过产品经理"讲出来"的，而不是"看文档"，对开发和测试人员来说，PRD 文档的作用更多的是在开发和测试中进行细节的查阅。

（4）存档记录，便于后期查阅，防止遗忘。当出现人员交接时，也更加方便。

（5）某个产品版本一旦评审通过，原则上要极力减少修改，通过正式文档来约束产品经理、市场人员、老板、客户，不要频繁修改需求。

▶ 8.1.2 PRD 文档的组成内容

（1）文档的命名。

PRD 文档一般以"公司名 + 产品名 + 产品版本号"的方式命名。软件产品要经过不同的版本进行迭代，每个产品版本都需要撰写 PRD 文档。

（2）文档修订记录。

在一个产品版本内，PRD 文档也可能经过若干次的修订（虽然在需求评审通过后，要尽力避免修改需求，但也确实无法做到完全避免），每次文档的修订都要完整地记录下变更说明、修改人、修改日期、审批人、审批日期、文档版本号等。

> **张同学**：狄老师，产品版本号和文档版本号有什么区别吗？

狄老师：
产品版本号是为了区分每一个封闭的产品版本，具有唯一性，一般以"Vx.y.x"的方式组成，例如，V3.5.12，V 是 Version 的缩写，x、y、z 为大于等于 0 的数字，x 为主版本号，y 为次版本号，z 为修订版本号。产品版本号通用的规则是：当产品有重大改版、新增重要功能模块时，主版本号 +1；当产品新增小功能点时，次版本号 +1；当产品修复 Bug 或优化体验问题时，修订版本号 +1。

文档版本号是在某个产品版本内，PRD 文档版本的标注，每次 PRD 文档发生变更时都要修改，一个产品版本号可能对应多个文档版本号。为了避免混淆，狄老师的习惯是，在产品版本号的基础上加上后缀，组成文档版本号，例如，V3.5.12-2 版，含义是产品版本号 V3.5.12 的第 2 次文档修订。

（3）文档概览。

文档概览包括产品概述、项目背景、文档的适用范围、业务术语、功能架构图、功能列表等。

此处着重说明"业务术语"。业务术语是对产品在当前行业、使用场景中的专有名词或使用角色的解释，有助于团队成员对需求的理解。例如，医疗行业软件产品中，对"检查"和"检验"的含义进行解释。

（4）业务流程说明。

以业务的流程图为主，辅助以必要的文字描述，先宏观说明产品"能干什么""怎么干"，让团队成员有一个整体的感知。

（5）功能性需求。

功能性需求是 PRD 文档的主体内容，是各方人员重点阅读的部分。可以以使用用例图作为参考，按照业务角色或使用终端对产品的功能详情和任务流程进行说明，主要包括以下几个方面。

①功能描述：用户使用该功能的操作步骤、系统的执行过程等。

②使用场景：以产品故事的形式向读者介绍该功能的使用场景、可以解决的问题，让读者更容易理解。

③业务规则：规则必须完整、准确、可执行、没有二义性。特别强调，在涉及填写表单的功能时，要对每个表单的格式、校验规则、反馈文案和可用状态进行详细的说明。

④前置条件：实现该功能需要依赖的条件，可以是先执行的动作、先获取的数据等。

⑤输出内容：该功能执行后的结果、反馈、引发的新功能等。

⑥界面原型：把涉及此功能的原型截图附在文档中，图文对照。

功能描述	用户进入小程序首页后，根据当前定位或收货地址匹配可配送的门店
使用场景	用户可以点外卖送到当前定位的地址，也可以选择其他收货地址，例如，在公司点外卖送到家中
业务规则	1. 如果用户有收货地址，则使用最近的收货地址匹配 10km 内在配送范围内的门店 2. 如果用户没有维护收货地址，则定位当前位置匹配 10km 内在配送范围内的门店 3. 如果 10km 内没有在配送范围内的门店，则显示缺省页面
前置条件	开启定位服务，并获取地址
输出内容	在配送范围内的门店
界面原型	

（6）非功能性需求。

非功能性需求指在软件系统运行过程中，保证系统性能、安全性、可靠性方面的需求。例如，系统的最大并发量、峰值用户量、数据存储量、数据库灾备等。

（7）相关文档。

PRD 文档中使用的界面原型、思维导图、流程图、参考资料等源文件的链接、路径等。

8.2 PRD 文档的形式

PRD 文档的撰写方式一般分为两大流派：传统 PRD 文档和交互式 PRD 文档，二者各有优缺点。

8.2.1 传统 PRD 文档

传统撰写 PRD 文档的方式是使用文字编辑软件（如 Word 软件），并把所需的流程图、结构图和原型图等配图插入文字编辑软件中。

1. 优点

（1）方便存档与交接，在智能手机和安装办公软件的电脑上都可以轻松打开。

（2）如果涉及对外沟通的环节，方便以附件的形式发送邮件，同时 Word 文档比较正规，也可以转换为 PDF 格式，在沟通交流、需求确认的过程中防止被篡改。

（3）Word 软件具有全局查找功能，可以快速定位到需要查阅的章节、功能点。

（4）形成正规文档，仪式感满满，能够在一定程度上起到对产品经理的约束作用，避免频繁改动。

2. 缺点

（1）需要在 PRD 文档和界面原型之间频繁切换，使用不便。

（2）原型图一旦发生变更，还需要重新插入文档中，否则原型图和文档中的截图不一致，容易造成误会。

（3）传统文档从阅读视角上看是一个网状结构，缺乏层次，同时文字过于冗长，不利于新人对需求的理解。

（4）Word 文档一旦发生变更，团队成员无法方便地获取更新。这个缺点现在也有了不错的解决方案：①可以把文档上传至 SVN、蓝湖等工具中，方便团队成员获取变更；②使用在线文档云同步、管理平台的 Wiki，可以让团队成员实时查询最新版本的文档。

8.2.2 交互式 PRD 文档

直接在原型上标注说明文字，并把所需的流程图、结构图等图表放到原型项目的独立页面中，或者利用原型设计工具可以制作动态交互这一优势，把原型中的页面、元素与 PRD 中的说明文字进行交互链接，是一种现在比较流行的 PRD 文档撰写方式。

1. 优点

（1）交互式 PRD 文档相当于把文字说明与原型图结合在了一起，只需打开一个窗口即可，避免频繁切换，浏览方便。

（2）可以避免在 Word 中粘贴原型截图的麻烦，当产品设计发生变更时，只需要修改界面原型即可，不需要再修改替换 Word 中的截图。

（3）避免烦琐的文档排版，省时省力，快速输出，符合当下流行的 MVP 理念和敏捷开发。

（4）原型设计工具支持在浏览器中在线预览，团队成员只需要刷新页面即可查阅最新的内容。

2. 缺点

（1）相比传统文档而言，交互式 PRD 文档显得不够正式，尽量不要在跨部门合作、对外交流中使用。

（2）相比 Word 形式，交互式 PRD 文档不方便存档。

 张同学：狄老师，这两种形式的 PRD 文档哪个更好呢？

 狄老师：文档形式不存在好与坏，要根据实际情况选择编写的形式。对于中小型团队、中小型项目，需要快速开发、快速迭代，可以选择直接在界面原型旁边标注需要重点说明的内容。对于大型项目、合作开发的项目，需要沟通协调的部门较多，一般要使用 Word 出具一份正规的文档。

产品经理必学的软件测试知识

本章先介绍软件缺陷和软件测试的基础知识,让读者了解软件测试的重要意义,接着然后介绍产品经理在工作中可能接触到的黑盒测试、回归测试和验收测试的方法和技巧。学完本章内容,读者将具备初级的软件测试能力。

| 学习目标 |

了解软件测试的常见基础知识

掌握测试用例的要素,熟悉黑盒测试的常用方法

掌握软件缺陷的要素

掌握回归测试的目的与方式

掌握验收测试的细节技巧

9.1 测试基础知识

软件被开发出来后，难免会出现缺陷，必须经过严格的软件测试才能上线，主要由专业的软件测试工程师来完成，而一些中小型团队没有专业的软件测试工程师，需要产品经理担任测试工作。2.4 节中提到，完成功能开发之后，正式提交测试之前，需要先由产品经理进行初步的验收，验收通过后才会转交到测试工程师手中，进行覆盖率更广的测试。

基于以上原因，产品经理也要掌握一些简单的软件测试技能。

▶ 9.1.1 软件缺陷

在测试或软件实际运行过程中，发现的影响或破坏软件正常运行的问题被称为软件缺陷，通常又被称为 Bug，缺陷的存在会导致软件在某种程度上不能满足用户的需要。判定软件缺陷一般有如下依据。

（1）软件没有实现产品需求文档中描述的功能，或者功能的某些细节不符合要求。例如，产品需求文档中描述了分享功能，但软件并没有实现；或者软件实现了分享功能，但分享后在社交软件中显示的标题和封面不符合产品需求文档的要求。

（2）软件出现了产品需求文档中明确指明不该出现的问题。例如，产品需求文档中明确要求某字段最多 10 个字，但软件并没有进行限制。

（3）虽然产品需求文档中没有提到某些功能，但实际上应该实现这些功能。这些没有提到的功能，有的被认为是共识，所以没有特别说明，有的可能是由于产品经理的工作失误造成的。

（4）产品难以理解、运行缓慢、页面卡顿、用户体验差。

张同学：狄老师，为什么会出现软件缺陷呢？

狄老师：出现软件缺陷的原因有很多。第一，缺乏过程管理，计划做得不扎实，开发人员对需求理解得不到位。第二，软件系统本身比较复杂，对程序逻辑和数据边界考虑得不到位。第三，开发人员技术水平参差不齐。第四，产品经理在设计时就出现了逻辑上的漏洞，并且这种漏洞没有提前发现，导致没有对它进行处理，等等。

其实有很多缺陷看似是程序编写的错误，但实际上是由于需求不明确、文档编写不清晰、团队沟通不畅造成的，产品经理一定要引起重视。

9.1.2 软件测试的定义

1983 年，IEEE 提出了软件测试的定义："使用人工和自动手段来运行或测试某个系统的过程，其目的在于检验它是否满足规定的需求或弄清预期结果与实际结果之间的差别"。

软件测试不仅要检验在正常的操作步骤下软件是否可以正常运行，更重要的是检验在异常的操作、不合理的输入数据下软件是否会出现异常。

测试人员除负责找出软件缺陷外，还要跟踪缺陷的修复进度，并辅助开发人员消除缺陷。

软件测试是一项过程性工作，不是一蹴而就的，在进行工期估算时，不要忘记软件测试所占用的时间，一般要在开发时间的基础上至少再加上 30%。

软件测试是有组织、有计划、有步骤的活动，软件测试应该严格按照测试计划进行，避免测试的随意性造成测试覆盖范围的遗漏。

除测试人员、产品人员、开发人员外，也可以邀请用户进行测试。

9.1.3 软件测试的常用术语

接下来对产品经理经常接触到的软件测试术语进行介绍。

（1）测试计划。

测试计划是指对软件测试的对象、目标、要求、活动、资源及日程进行整体规划，以保证软件系统的测试能够顺利进行的计划性文档。

（2）测试用例。

测试用例是对要测试的内容的执行过程进行详细的描述，体现测试方案、方法、技术和策略，通常包括用例编号、用例标题、所属功能模块、前置条件、测试步骤、预期结果、编写人、执行结果等，最终形成文档。测试用例的编写一般在需求评审通过后，与软件开发同步进行。测试用例用来指导测试的具体实施，一次成功的测试离不开高质量的测试用例。有一份好的用例文档，即使是对产品功能并不熟悉的新人，也可以很好地执行用例。

项目	说明	举例
用例编号	测试用例的唯一标识，可以用字母或数字表示，一般使用项目管理工具自动生成。笔者推荐的项目管理工具有禅道、Worktile、Redmine 等，它们可以集任务管理、需求管理、测试管理、进度管理于一体	ID：125
用例标题	对用例的设计目的或主要内容进行简单描述	后台用户登录
所属功能模块	该用例是为了测试软件的哪个功能模块而设计的	登录模块
前置条件	执行测试步骤前需要做的所有必备条件，原则上所有用例都有前置条件。一般不关联其他用例作为前置条件，而是使用自然语言进行描述	用户成功安装软件或打开 URL 地址
测试步骤	执行用例所需要的详细操作步骤。测试步骤必须准确、清晰，不要出现二义性	1. 输入一个正确的财务人员的用户名和密码 2. 拖动验证码图块并正确对准缺口 3. 点击"登录"按钮
预期结果	产品定义的要求。预期结果可能包含多个检查项，要逐条列出	1. 显示"登录中"加载状态 2. 打开财务人员专属的系统首页
编写人	编写测试用例的人员	张三
执行结果	测试用例用来指导测试的实施，换句话说，软件测试的过程其实就是执行测试用例的过程。执行结果通常包括未执行、执行成功、执行阻塞、执行失败 1. 未执行：还未执行本条用例 2. 执行成功：执行用例后软件的实际结果符合预期结果 3. 执行阻塞：因为某些原因导致无法执行用例 4. 执行失败：执行用例后软件的实际结果不符合预期结果	执行成功

（3）缺陷文档（Bug 文档）。

把执行测试过程中发现的缺陷（Bug）形成文档，通常包括缺陷编号、缺陷标题、所属功能模块、缺陷类型、缺陷级别、复现步骤、操作系统、软件版本、浏览器、预期结果、实际结果、测试人、指派人、缺陷状态等。

项目	说明	举例
缺陷编号	缺陷（Bug）的唯一标识，可以用字母或数字表示，一般使用项目管理工具自动生成	ID：236
缺陷标题	对缺陷进行简单描述	登录时图形验证码在任何时候都会提示"验证码错误"
所属功能模块	缺陷对应的软件功能模块，便于后期统计	登录模块
缺陷类型	这里只说明产品经理会涉及的缺陷类型，主要包括功能缺陷、界面缺陷、兼容性缺陷、性能缺陷等 1. 功能缺陷：软件功能、逻辑不符合产品定义 2. 界面缺陷：样式问题、影响人机交互的问题 3. 兼容性缺陷：在特定浏览器、操作系统、软件版本中发现的问题 4. 性能缺陷：不满足系统规定的响应速度、并发量等问题	功能缺陷
缺陷级别	按照缺陷导致后果的严重程度，通常分为致命缺陷、严重缺陷、一般缺陷、轻微缺陷。不同的测试管理工具中，缺陷级别的文字描述可能有所不同，但对级别的定义是遵从如下原则的 1. 致命缺陷（一级）：在正常操作时会引起程序崩溃、闪退、死机；有数据泄漏风险；阻断核心流程的执行，核心功能完全失效 2. 严重缺陷（二级）：重要功能没有实现或某些异常情况没有捕获；系统提供的服务受到明显影响 3. 一般缺陷（三级）：次要功能没有实现或部分实现，不影响产品的运行，但影响用户体验、产品形象 4. 轻微缺陷（四级）：不影响用户操作、功能执行的缺陷，界面样式问题、文案错误等	严重缺陷
复现步骤	能够让开发人员复现缺陷的详细操作步骤	1. 输入一个正确的用户名和密码 2. 拖动验证码图块并正确对准缺口 3. 点击"登录"按钮
操作系统	发生缺陷的软件运行在何种操作系统。如果是移动端App，还要标明机型	Android 11
软件版本	发生缺陷的软件版本	V2.3.10

浏览器	通过 Web 网站访问的系统，需要标明发生缺陷时使用的浏览器	搜狗浏览器
预期结果	按照产品定义，应该正确输出的结果或执行的动作	成功登录系统，进入系统首页
实际结果	实际发生的结果	提示"验证码错误"，无法登录
测试人	发现缺陷的测试人员	张三
指派人	负责解决缺陷的开发人员	李四
缺陷状态	通常把缺陷状态分为如下几种，在不同的测试管理工具中，对状态的描述可能有所不同，但思路是一致的 1. 新建：某缺陷第一次被发现，默认状态为新建 2. 已确认：开发人员确认这是一个缺陷 3. 已拒绝：开发人员认为这不是缺陷 4. 解决中：开发人员正在解决这个缺陷 5. 已解决（待验证）：开发人员已经解决这个缺陷，等待测试人员验证 6. 已关闭：测试人员验证通过 7. 重新打开：测试人员验证该缺陷并没有被修复。注意是原有的缺陷，而不是引发的新缺陷	已确认

（4）软件环境。

软件环境通常包括开发环境、测试环境和生产环境，按照正式的项目规范，开发、测试和上线运营分别对应上述三种环境，需要具备开发、测试和正式运营时所需的软硬件设备，例如，操作系统、应用软件、数据库、网络和服务器等。可以理解为开发人员、测试人员和正式用户所使用的三套软硬件系统，互不干扰。

张同学　狄老师，这三种环境分别由谁负责呢？

狄老师　开发环境由开发人员搭建、调试、使用；测试环境由测试人员搭建，并部署每次测试所需要的应用程序；生产环境由运维人员搭建，并部署线上版本。如果中小型团队没有专业的测试人员，则由开发人员负责测试环境的准备和维护。

（5）测试报告。

测试报告是对本次测试的过程和结果以文档的形式进行总结，通常包括测试方法、测试范围、测试工具、用例执行统计（执行的用例总数、通过数量、阻塞数量、未通过数量）、缺陷统计（按缺陷严重程度、缺陷类型、所属功能、解决情况等维度进行统计，对未解决的缺陷进行罗列，并说明这些缺陷会对软件造成何种影响）、测试结论（测试目标是否完成、测试是否通过、能否达到上线标准）等。

> **张同学**：狄老师，如果软件缺陷没有完全解决，也可以上线运营吗？

> **狄老师**：不一定要解决所有的软件缺陷（Bug）才能上线运营。产品上线是有时间节点要求的，可能是客户的要求，也可能是为了尽早占领市场，不以研发团队的意志为转移。有些 Bug 影响可控、触发率低、不会影响用户使用，有些 Bug 是优化类的问题，在时间紧张的情况下可以放到下一个版本中进行修复。

9.1.4 软件测试的分类

1. 按测试手段划分

（1）黑盒测试与白盒测试。

黑盒测试：从使用者的角度检查功能是否符合要求，软件能否正常运行，不关注软件内部的代码实现逻辑、接口数据等，也被称为功能测试。黑盒测试是产品经理使用得最多的测试手段。

白盒测试：对软件的代码逻辑和接口进行测试，需要测试人员具备开发知识。

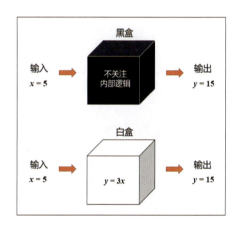

> **张同学**：狄老师，在测试时，只要检查软件能正常使用不就行了吗？为什么还要关注代码层级的内容呢？

> **狄老师**：有些代码级别的错误可能不会立刻暴露出功能使用上的问题，但终究是一种隐患，可能影响系统运行安全。如果产品经理或测试人员没有技术背景，很难进行白盒测试。

（2）静态测试与动态测试。

静态测试：不运行被测程序，通过评审软件文档或代码，度量代码质量与复杂度，检查软件是否符合编程标准，从而减少错误出现的概率。

动态测试：通过运行被测程序，输入测试数据，实际操作程序，检查运行结果与预期结果的差异。

（3）手工测试与自动化测试。

手工测试：由测试人员手工操作，大部分功能测试都是由手工完成的。手工测试能够发现很多计划用例之外的缺陷。

自动化测试：使用测试工具自动化执行测试，需要编写代码或录制执行脚本。例如，模拟大批量用户同时访问程序的某个接口，需要使用自动化测试工具。

2. 按测试目的划分

（1）功能测试。

功能测试也称为黑盒测试，不再赘述。

（2）性能测试。

性能测试通常是通过自动化测试工具，模拟各种场景下的业务峰值对软件进行测试，保证软件在高压下环境不会出现错误。常用的性能测试工具有 LoadRunner、JMeter 等。

（3）安全测试。

安全测试是要检验软件是否出现了安全漏洞，这些漏洞会被第三方恶意工具利用，非法访问应用程序、篡改用户数据，影响软件运行安全。

3. 按测试阶段划分

（1）单元测试。

单元测试是对软件的基本单元模块进行测试，如一个函数、一个类、一个窗口菜单等。如果以组装汽车类比，对发动机中每个零件的测试就是单元测试。单元测试是由开发人员自己完成的，多采用白盒测试。

（2）集成测试。

集成测试是指在单元测试完成后，把业务逻辑相关联的多个单元进行组合测试。集成测试可采用白盒测试与黑盒测试相结合的方法，白盒测试侧重于接口之间的调试，黑盒测试侧重于功能的验证。如果以组装汽车类比，对发动机的测试就是集成测试。

（3）系统测试。

系统测试是对整个软件系统能否满足功能、性能和安全等方面的需求而进行的测试。如果以组装汽车类比，对整台汽车的测试就是系统测试。

（4）验收测试。

验收测试也称为交付测试，是软件质量检验的最后一步，主要让用户/客户参与测试过程，并由开发和测试工程师提供辅助。

9.2 黑盒测试

产品经理需要掌握一定的黑盒测试技巧，本质上就是编写黑盒测试用例的方法。常用的方法有等价类划分法、边界值法、错误推测法、场景法等。

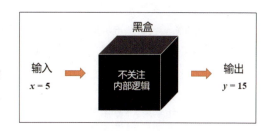

▶ 9.2.1 等价类划分法

1. 概念

等价类划分法是将程序所有可能的输入数据（有效的和无效的）划分成若干个等价类，然后从每个部分中选取具有代表性的数据作为测试用例。

（1）有效等价类：对于软件规格说明而言，是有意义的、合理的输入数据集合。

（2）无效等价类：对于软件规格说明而言，是没有意义的、不合理的输入数据集合。

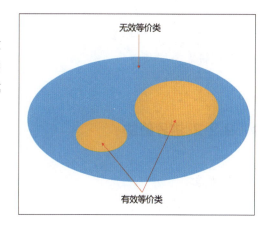

2. 划分原则

（1）如果输入数据规定了取值范围或个数，通常划分一个有效等价类、两个无效等价类。例如，维护商品时要求必须设置 1~5 个商品标签。

有效等价类	在 1~5 个标签范围内，如设置 3 个商品标签
无效等价类	1. 小于 1 个标签，即不设置商品标签 2. 大于 5 个标签，如设置 6 个商品标签

（2）如果输入数据规定了必须遵从的规则，通常划分一个有效等价类、一个无效等价类。例如，用户名不允许输入中文。

有效等价类	英文用户名
无效等价类	中文用户名

（3）如果输入数据是布尔类型的值（布尔类型即 True 和 False 两种数据），通常划分一个有效等价类、一个无效等价类。例如，用户状态只有为"启用"时才能登录系统。

有效等价类	启用状态的用户
无效等价类	禁用状态的用户

（4）如果输入数据的范围是一组值，并且每个值有不同的处理方式，通常划分多个有效等价类、一个无效等价类。例如，会员分为三个等级（1 级、2 级、3 级），每个等级支付时享受的折扣不同。

有效等价类	1 级会员 2 级会员 3 级会员
无效等价类	非会员

▶ 9.2.2 边界值法

1. 概念

边界值法是对输入或输出的边界值进行测试的一种方法，是对等价类划分法的补充。长期的测试工作经验告诉我们，大量的错误是发生在输入或输出范围的边界上，针对各种边界情况设计测试用例，可以检查出更多的错误。

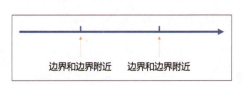

2. 常见的边界类型

（1）数值的取值范围边界。

先确定数值的边界是什么，然后测试下边界 –1 的值、下边界的值、上边界的值、上边界 +1 的值。例如，若 $5 \leqslant x \leqslant 20$，则下边界是 5，上边界是 20，需要测试 4、5、20、21 这四个数值。若 $5 < x < 20$，则下边界是 6，上边界是 19，需要测试 5、6、19、20 这四个数值。

（2）日期的边界值。

无论是筛选年份区间、月份区间，还是日期区间，都要检查筛选结果中是否包含所选区间第一天和最后一天的数据，是否遗漏第一天 12：00 之前的数据与最后一天 12：00 之后的数据（24 小时制）。

（3）字符的首尾边界。

检查如果在字符串的开头或结尾输入空格、Tab、特殊字符，软件是否能正常处理。

（4）字符的长度边界。

检查输入字符串的最大长度和最小长度是否会出现问题，字符串长度为 0（即空字符串）是一种特殊情况。在产品需求说明书中，对输入的数据可能没有做过多的说明，但如果字符串过长可能导致出现缓冲区溢出问题，通常使用超长的字符串进行测试来避免这种问题。

▶ 9.2.3 错误推测法

错误推测法是一种基于经验和直觉推测程序中所有可能存在的各种错误，从而有针对性地设计测试用例的方法。下面列举几种常见的错误推测法供读者参考。

（1）登录时密码框是否屏蔽了复制粘贴的操作。

（2）在文本框中输入空格、null、特殊字符。

（3）数字前面加上"0"，例如，01、02。

（4）输入货币时，输入 3 位小数。

（5）成功添加数据返回到列表后，再次添加数据，此时添加页面是否会缓存上次的数据。

（6）实际显示的时间与正确时间可能会有 8 小时的误差。

9.2.4 场景法

软件通常利用事件来控制各类流程，触发事件时的情景就是场景，一个场景描述了一项任务的执行流程，也可以被称为事件流，细分为基本流和备选流。基本流一般为正常的执行情况，备选流一般为异常情况的捕获，这种方法与产品设计的思想非常相似。

例如，使用电子储值卡进行支付时，基本流和备选流如下。

基本流	1. 选择电子储值卡 2. 系统验证卡状态 3. 如果卡状态正常，验证卡余额是否充足 4. 如果卡余额充足，请用户输入支付密码，系统验证密码是否正确 5. 如果密码正确，支付成功
备选流 1 电子储值卡状态异常	在基本流的步骤 2 中，如果系统验证卡状态异常，则给出异常提示
备选流 2 电子储值卡余额不足	在基本流的步骤 3 中，如果卡余额不足以支付本次订单，则给出"是否全部使用余额，并使用其他方式支付"的提示
备选流 3 支付密码输入错误	在基本流的步骤 4 中，如果用户密码输入错误，则给出"密码错误"的提示

9.3 回归测试

回归测试是指在软件发布新版本或修复缺陷之后，再重新执行一次或多次测试用例。

9.3.1 回归测试的目的

当开发人员修复某个缺陷后，有引起新缺陷的风险，让本来运行正常的功能出现问题。当软件增加了新功能后，新旧功能之间难免会有逻辑和数据上的相互影响，造成原有功能出现缺陷。所以，软件每次发生任何形式的变化时，必须重新测试，及时发现软件中的隐患。

张同学：狄老师，什么时候进行回归测试呢？

 狄老师：回归测试不是某个阶段的测试，而是要贯穿整个软件测试的生命周期。在极端的测试理论中，甚至要求每天都进行回归测试。

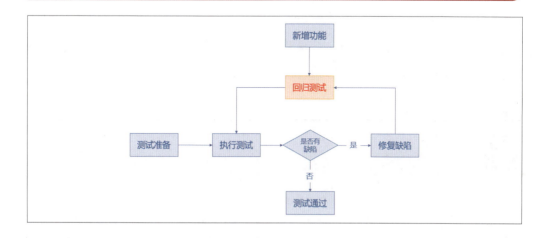

9.3.2 回归测试的方式

（1）重新执行所有测试用例。

无论哪些功能模块发生问题，也无论已发现的缺陷数量有多少，都要全部重新测试一遍。这种方式的优点是能够最大限度地保障软件的安全，但也会大大提升测试的成本。由于项目的时间安排、人力物力等资源的配置问题，在实际工作中很难保证每次都做到重新执行所有测试用例。

（2）选择性执行测试用例。

第一，对已经发生的缺陷重新测试。

第二，对已经发生缺陷所在的功能模块重新测试。

第三，对已经发生的缺陷中，可能关联的功能进行测试。

第四，对有关联的新旧功能进行测试。这种方式的优点是可以显著降低测试成本，但对于产品经理和初级测试人员来说，只能从表面业务上判断关联性，无法了解代码级别的关联，可能需要开发人员告知某个代码块被哪些模块同时调用。

（3）补充新的测试用例。

为了完成回归测试，要补充必要的测试用例，同时删除过时的、冗余的、不受控制的测试用例。

9.4 验收测试

验收测试一般发生在有明确客户的定制化软件开发项目中。当由团队内部成员进行的测试全部完成后,开始着手把软件交付给客户。客户正式使用软件之前,对软件进行最后一次质量检测。验收测试以客户/用户为核心,项目经理、产品经理、开发工程师、测试工程师等项目组成员提供辅助工作,目的是确保交付的软件与客户要求的功能和性能指标保持一致。

验收测试的过程中,需要注意以下内容。

(1)客户/用户不关心软件内部的实现逻辑,所以采用黑盒测试的方法。

(2)主要邀请客户方的负责人和曾经对接需求的人员进行验收测试,不要把所有的用户全都邀请过来。

> **张同学**:狄老师,邀请参加验收测试的人员有什么讲究吗?
>
> **狄老师**:从产品的角度上来说,我们希望能够接触到更多的产品直接使用者,也就是最终用户。但对于定制化开发的软件,从商务的角度来说,过多邀请最终用户可能会带来一些麻烦。我们的目的是通过验收并拿到项目款项,所以要邀请客户方的负责人,也就是谁最终能认定验收通过,我们就邀请谁。还要邀请在项目开发过程中一直与我们对接需求的人员,软件的需求都是他们提出来并与我们沟通的,所以要让他们来检验软件是否达到了标准。如果邀请的最终用户过多,而这些用户又没有参与过之前的需求讨论和制定,那么在验收测试现场他们可能会提出一些新的需求,会出现一些尴尬的场面,导致验收测试出现不可控的情况。
>
> **张同学**:所以,在项目前期,我们就应该要求客户方安排一些最终用户与我们沟通需求,从源头保证软件产品符合最终用户的期望。
>
> **狄老师**:说得非常好!

(3)准备较为真实的数据进行测试,保证验收测试的效果。

(4)验收测试也要给客户准备测试用例,但不需要把用例库中的所有测试用例全部拿来使用,重点准备客户关心的、核心功能的测试用例,次要功能的测试用例可以适当弱化。

(5)测试用例可以适当反映软件的亮点,以吸引客户的兴趣,为软件增色。

(6)如果验收测试没有一次通过,则准确记录问题点,并与已经商定的需求规格说明书做对比,确实需要进一步完善的,约定修改时间,再次验收。

(7)如果验收测试通过,双方签署验收通过报告。